서바이벌 어드벤처가 될 수도 있는 직장생활을

즐거운 시트콤으로 만들어 준

오드리, 샬럿, 제니, 캐피탈에게

특별한 감사와 우정을 담아......

마음을 사로잡는

**초보 공직자의
일머리**

개정판 1쇄 (총 4쇄) 발행 2024년 4월 30일

지은이 방문진

펴낸이 강기원
펴낸곳 도서출판 이비컴

디자인 이유진
마케팅 박선왜

주 소 서울시 동대문구 고산자로 34길 70, 431호
전 화 02)2254-0658 팩 스 02-2254-0634
메 일 bookbee@naver.com
출판등록 2002년 4월 2일 제6-0596호
I S B N 978-89-6245-223-5 03190

ⓒ 방문진, 2024

마음을 사로잡는

초보 공직자의 일머리

개정판

보고서도 잘 쓰고 일도 잘하고 싶다!

방문진 지음

이비락 樂

개정판을 내며

벌써 3년이다. 일명 '노란 책', '마.초.공'으로도 불리는 『마음을 사로잡는 초보 공직자의 일머리』가 출간된 후 시간이 쏜살같이 흘러버렸다. 어느 날 서점에 쌓여있는 신간 서적들을 바라보다가 밑도 끝도 없이 책을 쓰고 싶다는 욕망에 불타오른 순간이 아직도 생생하다. 곧장 집으로 달려가서는 일단 키보드를 두들기기 시작했다. 원고 분량은 얼마나 써야 하는지, 출간은 어떻게 하는 것인지 아무것도 모르고 시작한 일이다.

이후 몇 달 만에 이게 꿈이 아닌가 싶게도 나의 생애 첫 책이 출간되며 기획출판작가로 첫발을 디디게 되었다. 이렇다 할 광고도 없이 사실상 입소문만으로 알려지며 지금껏 스테디셀러로 사랑받는 사실은 저자로서 크나큰 자부심이자, 감사함 그리고 비견할 수 없는 영광이라 말할 수 있다.

한편으로는 그만큼 큰 부담과 책임감도 느꼈다. 나의 부족함이 선의의 독자를 잘못 이끌지는 않을까 하는 막연한 두려움 때문이다. 초판에서 사소한 오타를 발견하고는 밤잠을 설치며 자책하고 괴로워하기도 했다. 하지만 그동안 많은 분이 남겨주신 후기와 호의적인 반응에 용기와 위안을 얻어왔다. 무엇보다 독자 중에는 나의 책에서 영감을 얻어 훌륭한 책을 낸 뛰어난 작가도 등장했는데, 베스트셀러 『공무원이여 회계하자』의 저자인 서은희 작가님이 대표적인 분이다. 나의 무모했던 도전이 과분한 결실과 더불어 선한 영향력이 되었다는 사실은 세상과 인생이 만들어내는 경이로움이 아닌가 싶다.

개정판에는 몇 가지 내용들을 다듬고 추가했다. 몇 년 사이 달라진 통계라던가 변화된 내용들, 보고서 작성의 이해를 도울 예시 등을 더 담았다. 또한 초보 관리자로서 겪고 느꼈던 경험과 이전에 미처 이야기하지 못한 삶의 이야기와 깨달음에도 페이지를 할애했다.

처음 시작할 때의 호기로움과는 달리 책이 사랑받을수록 더 숙연해지고 겸손해진다. 그래도 부족한 부분이 있다면 오롯하게 저자인 나의 책임이며 겸허하게 받아들이고 더 열심히 채워가야 할 숙련의 영역이 될 것이다.

매년 수만 권씩 쏟아지는 신간들은 대부분 1쇄도 팔리지 않은 채 몇 달 만에 사라지는 것이 현실이다. 그런 와중에도 수년간 꾸준히 사랑받으며 개정판까지 내게 된 감사함을 어떻게 표현해야 할지 무슨 말이 적절할지 찾기 어렵다. 지금까지 이끌어준 모든 보

이는 인연과 보이지 않는 인연들에 깊고도 진심이 담긴 감사함을
전할 뿐이다.

그리고 지금은 하늘에서 지켜보실 나의 아버지께 그 영광의 큰
조각을 떼어 바친다.

여는 말

최근 공무원을 비롯해 공기업 등 공공기관이 선망의 취업대상이 되고 있다. 그 문호 또한 크게 넓어지면서 공직에 진출하는 사람들이 꾸준히 늘어나고 있고 이러한 추세는 한동안 계속될 것이다.

내가 처음 공직에 발을 내디딘 때만 하더라도, 공무원으로 대표되는 공직은 박봉의 대명사로 인식되었다. 이 때문에 명예는 있으나 크게 인기 있는 직업은 아니었다.(고시는 예외로 하고)

IMF가 터지기 전에는 굳이 공무원, 공공기관이 아니더라도 급여와 복지가 넘사벽인 대기업도 평생직장으로 불렸다. 그만큼 사회 전반에 직업 안정성이 좋던 시절이니 더욱 그랬을 것이다. 이 때문에 격세지감을 느끼기도 하는 요즘이다.

여러분이 지금까지 걸어온 길은 치열한 경쟁과 외로움, 불투명한 미래에 대한 걱정으로 가득했을 것이다. 처음에는 만만하게만 보았던 시험은 어느새 여러분의 숨통을 조였을 것이다. 하지만 어쨌든 어려운 경쟁을 뚫고 공직에 첫발을 내디딘 여러분에게 아낌 없는 축하를 건네고 싶다. 또한 지금 이 순간에도 불철주야 시험 준비에 애쓰는 분들도 정직한 노력에 합당한 결과를 받게 되리라 믿는다. 하지만 부푼 가슴을 안고 시작한 일터의 생활이 동화책의 해피엔딩처럼 아름답지는 않음을 금방 깨닫게 될 것이다.

남들은 꿀 빠는 줄 아는 공직생활은 처음부터 생소한 업무의 연속이다. 듣도 보도 못한 희한한 용어부터 도대체 이해도 잘 안 되는 복잡한 업무절차, 거기에 골치 아픈 민원인이라도 만나게 되면 이 자리까지 오기 위해 보낸 시간과 투자, 노력이 허망하게 느껴질지도 모른다.

여기에 더해 여러분이 얼마나 잘하는지 지켜보겠다는 듯 단호한 눈초리를 불태우는 상사와 선배들 또한 부담스러운 존재들이다. 여차하면 사표라도 던지고 싶겠지만 안정적인 직장이라는 평판과 공무원연금 등이 눈앞에 아른거려 쉬운 일이 아니다.

이러한 여러분이 마주치는 일상 업무 중 가장 큰 골칫거리 중 하나가 보고서 작성일 것이다. 아마도 공직의 모든 업무는 보고서로 시작해서 보고서로 끝나게 된다는 것을 이미 체감했거나 깨달을 것이다.

상사에게 깨지는 경우도 대부분은 보고서와 관련된 경우가 많다. 이처럼 중요한 보고서이지만 마땅한 조언을 받을 곳도 별로 없다.

여러분에게 따끔한 지적을 하는 상사나 선배들에게도 보고서 작성은 여전히 막연하고 어려운 일이다. 잘못된 것을 지적할 수는 있지만 그것을 잘하려면 어떻게 해야 할지 자신도 난감한 경우가 많기 때문이다. 보고서 작성은 이처럼 모두에게 어려운 숙제임은 틀림없다.

종종 외부강사를 초빙해서 교육도 한다지만, 모든 것이 그렇듯 결국은 자신이 스스로 깨달아야 한다.

이런 상황이니 사회와 공직에 첫발을 내디딘 새내기들에게 보고서 작성은 때로는 넘을 수 없는 벽처럼 느껴진다. 그렇다면 이 벽을 넘기 위해서 어떻게 해야 할까?

먼저 보고서의 성격을 이해해야 한다.

보고서는 단순한 현황 보고부터 중요한 정책을 결정하거나 당면한 문제를 해결하는 방침 문서까지 매우 광범위하다. 이에 따라 분량 또한 한 장짜리 요약보고부터 수십 페이지, 때로는 수백 페이지에 이를 수도 있다.

우리가 잘 아는 『손자병법』도 사실은 왕에게 올리는 짧은 분량의 보고서였다. 그 보고서 덕분에 저자인 손무(孫武)도 왕을 만나 자신의 포부를 펼칠 기회를 얻을 수 있었다. "구슬이 서 말이라도 꿰어야 보배"라는 속담의 의미를 잘 알 것이다. 아무리 성과가 많아도 제대로 정리할 수 있는 보고서가 없다면 인정받기는 어렵다.

무엇보다 결과에 초점을 맞춰 유연함이 허락되는 사기업과는 달리 과정에 초점을 맞추고 규정과 원칙에 따라 일을 처리해야 하는 공직자에게 보고서 작성은 무엇보다 중요한 기본기이다.

또한 보고서 능력은 공직자가 아니라 하더라도, 직장인으로서 꾸준하게 갈고 닦아야 하는 필살기인 것은 부정할 수 없는 사실이다.

나는 이 책 한 권으로 보고서라는 끝나지 않는 숙제에 정답을 줄 수는 없다.(아무도 못 해왔고 앞으로도 그럴 것이다.)

시중에는 화려한 이력을 자랑하는 작가들의 저서가 셀 수 없이 많다. 하지만 오늘 당장 보고서를 쓰는 것이 곤욕인 이에게 대통령을 위한 보고서나 두꺼운 이론서 같은 책들은 제목부터 멀게만 느껴질 뿐이다. 이 책을 통해 그러한 간격을 좁혀주고자 한다.

여기에 더해 직장에서 벌어지는 다양한 상황에 대처하는 처세 꿀팁과 리얼한 직장의 생존전략을 담았다. 읽는 사람에 따라 이게 보고서 작성법을 위한 책인지? 직장 처세를 위한 책인지? 모르겠다고 할 사람도 있을 것이다. 맞다! 나는 두 가지를 전부 노렸다. 그리고 이것을 일머리라는 말로 압축했다

대부분 오롯하게 나의 경험을 통해 깨달은 것들이다. 내가 이 바닥을 잘 모르고 힘겹던 시절, 누군가 해줬다면 좋았을 이야기들이다. 나는 고위공직자도 아니며, 어디에 자랑할 만한 화려한 스펙의 소유자도 아니다. 하지만 다양한 업무 경험을 지닌 현업의 실무자다. 직장에서 벌어지는 수많은 일을 밑바닥부터 겪어왔고 지금 이

순간에도 고민하고 분투하고 있는 여러분과 다를 바 없는 사람이다. 이 때문에 오히려 살아있는 경험과 현실적인 정보를 제공할 수 있고 여러분과 함께 고민하고 공감할 수 있다고 믿는다.

실용성과 진실성은 이 책의 장점이자 특징이다.

이 책은 크게 두 개의 파트로 나뉜다.

1장에서 4장은 보고서 작성이 답답한 초보 공직자와 직장인을 위한 보고서 작성법과 보고 스킬을 담았다. 이 책의 주요 독자층으로 이제 막 첫발을 내디딘 공무원, 공공기관에 근무하는 초보 공직자를 염두에 두었지만, 일반 직장인들도 충분히 활용 가능한 내용이라 생각한다.

5장에서 8장은 성공적인 직장생활을 위한 정글 같은 직장에서의 생존 방법에 관한 내용을 다루었다. 짬밥을 엉뚱한 데로만 먹지 않은 사람이 전하는 '날 것 그대로'의 직장생존을 위한 전략과 노하우이다.

그리고 장마다 '능력자의 처세 꿀팁'이라는 코너를 실었다. 직장생활에서 필연적으로 마주치게 되는 다양한 고민의 순간들을 내가 실제 겪었던 경험을 중심으로 현실적인 대안과 해법을 제시했다.

나는 남들이 모르는 비법이나 마법 같은 무언가를 보여줄 수는 없다. 대신 강산이 두 번 넘게 바뀌는 동안 공직이라는 자리, 직장인의 위치에서 버텨온 경험을 여러분과 공유하고자 한다.

그 여정을 함께 출발하자. 여러분의 건투를 빈다.

차례

6장
일 잘하는 능력자의 업무 방식

능력자의 처세 꿀팁 8

떠나지 못하게 붙잡는 상사, 일 잘하는 당신의 딜레마

9장

또 다른 깨달음

능력자의 처세 꿀팁 9

직장생활은 적성이 아닌 적응

맺는 말

1장

진짜 싸움터에 오신 것을
환영합니다

1.

이전에 경험하지 못한
새로운 경쟁을 위하여

지금은 공무원 준비생, 즉 공시생의 메카로 불리는 노량진역 일대가 한때는 대입 재수생들의 본진이었다.

노량진역 주변을 빼곡하게 채운 지금의 공무원 학원들은 대부분 재수생들을 위한 입시학원들이었다. 1997년 IMF 외환위기 사태가 터지기 전만 해도 고시 출신 고위공무원이 되는 것이 아닌 다음에야 공직은 크게 주목받는 일자리는 아니었다.

오랫동안 박봉의 대명사로 불릴 만큼 급여도 적었고 요즘과는 달리 이렇다 할 복지혜택도 없었기 때문이다.(모두가 부러워하는 공무원연금은 이런 단점을 만회하기 위해 생겼다고도 한다.)

최근에는 모든 것이 달라졌다. 주변에 공직시험을 준비하는 사람 한두 명쯤은 있을 만큼 선호도가 높아졌다. 또한 보수, 복지, 사회적 이미지 등 모든 면에서 그 위상도 올라갔다. 무엇보다 정년보장으로 대표되는 직장의 안정성이 누구도 거부할 수 없는 매력이 된 때문일 것이다. 그러다 보니 너도 나도 공직에 입문할 기회를 얻고자 줄을 선다.

그래서일까? 어떤 이들은 젊은이들의 공직 진출 열풍을 마치 꿈도 열정도 없이 생활의 안정만 쫓는 행위인 것처럼 폄하하기도 한다.

나는 이런 의견에 절대 전혀 동의할 수 없다. 꿈이라는 것이 불안정한 모험에만 있는 것이 아니다. 꼭 사막이나 극지방, 듣도 보도 못한 오지를 여행하거나 탐험해야만 꿈이라고 할 수 있는 것인가? 나에게 맞는 옷, 나의 입에 맛있는 음식이 있듯이 누구나 자신이 진정 원하는 것을 추구할 권리가 있다.

물론 그것이 범죄나 타인에게 해를 끼치는 것이라면 사회에서 격리하고 뜨거운 법의 심판을 받아야 하겠지만 말이다.

공직자는 국가를 움직이는 근간이며 국민을 지탱하고 함께 호흡하는 중추신경이나 혈관과도 같다. 나라의 정책을 세우고 그것을 실행하는 막중한 업무를 수행하는 직업이다. 그 업무 자체만으로도 충분히 매력 있고 젊은이가 꿈을 품을만한 직업이다. 그렇지만 공직에 들어가고자 하는 이유가 단순히 안정적인 호구지책(糊口之策)이라면 스스로 초라해질 것이다. 그리고 결코 쉬운 일은 없다는 잔인한 현실 또한 깨닫게 될 것이다.

엄청난 경쟁을 뚫고 공직에 입성한 여러분의 앞날이 "오랫동안 행복하게 잘 살았습니다."로 끝나면 좋겠지만, 진짜 싸움은 이제부터 시작이다. 그동안 독서실과 학원에서 머리 싸매고 공부했던 것과는 전혀 다른 과제들과 부딪치게 될 것이며, 이전에는 경험하지 못한 또 다른 형태의 치열한 경쟁을 하게 될 것이다.

이른바 잘릴 걱정 없는 안정적인 직장, 먹고살 만한 보수, 좋은 사회적 평판만을 보고 공직에 들어와 '불행 끝 행복 시작'을 외칠지도 모르지만 환경은 당신이 그렇게 편하게 있도록 놔두지 않을 것이다.

간혹 불과 수개월 또는 몇 년의 직장생활을 하고 모든 것을 다 아는 것처럼 말하는 사람들도 있다. 그중에는 선배들의 모습을 보며 수년 후 자신도 그들과 같아질까 두려워서 뛰쳐나왔다는 사람도 있다. 그러나 그 정도 기간은 분위기와 업무를 제대로 파악하기도 벅찬 시간이다. 그 짧은 시간 동안 무엇을 보고 저렇게 자신 있게 말하는지는 알 수 없다. 물론 그들이 바라보고 평가한 것도 진실의 한 면일 것은 틀림없지만 말이다.

시간은 모든 것을 변하게 한다. 때로는 나쁘게 때로는 좋게도 말이다. 또한 부서에 따라 시기에 따라 업무와 분위기는 천차만별이기 때문에 짧은 시간 단편적인 경험을 전부라고 생각하는 것은 옳지 않다. 남의 떡이 커 보이는 것처럼 더 많은 급여와 복지만을 바라보고 다른 직장을 동경하는 사람들도 종종 본다.

이러한 바람을 행동으로 옮긴다면 모르겠지만, 몸과 정신이 분리되어 어디에도 집중하지 못하는 경우가 적지 않아 안타까운 마음이 든다. 만일 지금의 직장이 자신에게 맞지 않거나 다른 곳을 선호한다면 나이가 한 살이라도 젊을 때 실천하기 바란다.

뒤에서 얘기하겠지만 나이가 숫자에 불과하지만은 않기 때문이다.

기본과 원칙, 공직자 생존의 시작이자 끝

나는 높은 자리에 계신 분들이 말씀하시는 공직자의 겸허한 자세를 말하려는 것이 아니다. 나도 직장 생태계 밑바닥에 있는 실무자이니 그런 높은 이상을 말할 위치나 주제가 되지 못한다.(나는 보기보다 주제 파악은 확실하다.)

내가 기본과 원칙을 공직자 생존의 시작이자 끝이라고 거창한 제목을 붙인 것은 나의 안전과 생존을 위함이다. 또한 현재의 직장이나 부서를 떠난다 해도 떠난 자리는 항상 아름다워야 한다. 즉, 문제가 될 소지를 남기면 안 된다. 다시 말하지만 내가 '기본과 원칙'을 강조하는 이유는 나의 안전과 생존을 위한 목적이다.

'생존(生存)'을 국어사전에서 찾아보면 '살아남음'이라고 나온다. 내가 시중에서 흔히 말하는 '완전정복', '슬기로운 ○○생활', '누구나 할 수 있는 ○○'가 아닌 긴장감 넘치는 생존이라는 표현을 쓴 것은 공직이라는 세계에 첫발을 내디딘 초보자를 중심에 두기 때문이다.

자꾸 옛날이야기를 들춰서 좀 그렇지만, 이전에는 문서 하나를 생산하기도 쉽지 않았다. 결재권자는 이것저것 시시콜콜한 것을 따지고 근거를 물어보기 일쑤였고, 심지어는 오탈자, 줄 간격, 폰트 등 기본적인 것을 일일이 지적하며 신경을 곤두서게 했다.(그 당시는 미칠 노릇이었지만 지금에 와 보니 그런 경험이 고맙까지 하다.)

　이제는 분위기가 완전히 달라졌다. 옛날처럼 이것저것 따지고 지적하는 사람은 하급자가 상급자를 평가하는 다면평가에서 불이익을 받거나 '김 대리, 박 사원' 같은 조롱 섞인 별명이 붙기도 한다.

　이 때문인지 어느 때는 이런 문서가 어떻게 결재를 받았는지 궁금할 정도로 허술한 경우를 보게 된다. 결재권자는 지적하기 귀찮고 눈에 거슬리지만 흔한 말로 "대세에 지장은 없는 것" 같으니 그냥 넘어가고 담당자는 그것을 정답으로 알고 더이상 발전을 멈추게 된다.

　이런 것이 단순히 보고서나 문서의 수준에 그친다면 넘어갈 수도 있다. 하지만 "집에서 새는 바가지가 밭에 나가도 샌다."는 속담처럼 사소한 것을 챙기지 않는 사람은 큰 것도 챙기지 않는 경우가 발생한다.

　"관련 근거가 정확히 무엇인지?" "법적 타당성은 있는 것인지?" "현황파악은 제대로 한 것인지?" 가장 기본적인 것에 대한 충분한 검토도 없이 업무를 추진하거나 임의로 판단해서 큰 화를 부르기도 한다.

　또는 그때그때 상황에 따라서 원칙 없는 일 처리를 해서 불필요한 민원을 부르거나 쉽게 해결할 수 있었던 일을 감당할 수 없게 만들기도 한다. 이와 관련해 내가 직접 겪었던 이야기를 들려주고 싶다.

　매우 친했던 A선배가 있다. 때마침 내가 몇 개월간 외부 교육을 받게 되어 지방에서 본사로 막 올라온 A가 나의 후임자가 되었다. A는 업무적으로 베테랑이었고 경력도 워낙 오래된 터라, 상사들도 모두 신임했다.(내가 하는 말은 안 믿어도 A의 말은 믿을 정도였다.)

그리고 교육을 마치고 복귀했을 때 내가 다시 A선배의 업무를 맡게 되었다.(내가 전임자 겸 후임자가 된 것이다.) 그런데 얼마 지나지 않아, 내가 없던 사이 선배의 일 처리에 큰 문제가 있었음을 알게 되었다. 각종 자재에 대한 승인이며, 검사 결과와 중요한 업무처리가 규정에 맞지 않게 처리된 것이 여러 건 발견된 것이다.

심지어 어떤 것은 문서에 명기된 관련 근거가 내용과는 전혀 맞지 않는 엉뚱한 경우도 있었다. 여기에 한술 더 떠서 자신이 기안하고 결재권자 대신 전결 처리해서 문서를 내보낸 건도 다수 있었다.

아니나 다를까 얼마 지나지 않아 각종 민원과 투서가 들어오기 시작했고 감사실의 고강도 감사가 시작되었다. 누가 봐도 허술한 것투성이니 감사 입장에서는 그야말로 '물 반, 고기 반'인 상황이었다.
이런 것을 그냥 넘어갈 조직은 없다. 결국 A는 중징계를 받게 되었다.
지금도 그 똑똑했던 A선배가 왜 일 처리를 그런 식으로 했었는지는 미스터리다. 전도유망했던 사람이 한순간에 망가지고 어려운 지경에 빠지는 것을 지켜보는 마음도 착잡했다.

퇴직 후에 사기당하기 가장 쉬운 계층이 공직자라고 한다. 온갖 변칙이 난무하는 사기업 환경에 비하면 공직은 따뜻한 온실과도 같다. 그러나 온실에도 생존의 법칙이 있다.

"기본과 원칙을 지켜라." 제발.

2장

보고서 작성을
위한 준비

1.

역지사지(易地思之)를
세 번 외치고 시작하라

　나는 보고서 작성을 위해 필요한 자세가 '입장 바꿔 생각하기' 즉, "역지사지(易地思之)"라고 생각한다. 왜일까?

　보고서는 내가 하고 싶은 말을 장황하게 늘어놓거나 일방적으로 지식을 뽐내는 것이 아니기 때문이다. "당연한 거 아냐? 다 아는 사실을 혼자 아는 것처럼 떠들어?"라고 할 사람도 있을 것이다.

　맞다! 누구나 다 아는 사실이고 모두가 당연하다고 여기는 지당한 소리를 했다. 하지만 아는 것과 실천하는 것은 분명 다른 영역이다. 또한 문제는 누구나 아는 이 기본을 너무나 쉽게 망각한다는 데 있다.

　여러분이 작성한 보고서를 읽을 상사의 관점에서 한번 생각해 보자. 나에게는 땀과 눈물의 결실일지 모르는 보고서가 상사에게는 자연파괴에 일조한 이면지 뭉치로 보일 수도 있다. 명심해라!

상사는 여러분의 첫 번째 고객이다.(물론 이 고객이 왕이라는 뜻은 아니다.) 그러므로 보고서는 내 고객인 상사의 시각에서 시작해야 한다.

춘추전국시대에는 군주나 유력자를 찾아 정책을 제안하고 설득하여 벼슬을 얻으려는 사람들이 있었다. 그들을 유세객이라고 했다.(공자 또한 오랜 기간 제자들과 유세객으로 전국을 떠돌았다.) 유세객들은 한번 보기도 어려운 사람을 만난 자리에서 그들의 마음을 뺏어야 했으니 얼마나 힘들었겠는가?

다행히 정치에 관심이 많거나 매너 좋은 군주를 만나면 최소한 목숨을 걱정할 일은 겪지 않을 것이다. 하지만 수도 없이 찾아오는 유세객들을 귀찮아하거나 아예 향락에 빠져 관심조차 없는 군주들이 훨씬 많았고 더러는 사람 목숨을 파리처럼 여기는 사이코패스도 적지 않았다. 말 한마디 잘못했다가 벼슬은 고사하고 목이 달아날지도 모르는 그야 말로 극한직업이었던 것이다.

그래도 벼슬을 얻고 자신의 포부를 펼치기 위해서는 이 모든 난관을 극복해야 했다. 이 때문에 유세객들은 보고와 브리핑의 달인이 되었다. 그들은 철저하게 자신이 만나 설득해야 하는 군주의 시각에서 생각했다고 한다. 군주의 성격과 취향, 현재 처한 상황과 걱정거리까지 철저히 파악하여 자신과 동일시하는 과정을 거친 것이다.

이를 통해 그들이 무엇을 걱정하고 어떤 것을 원하는지를 파악

했으며 어떻게 해야 효과적으로 설득할 수 있는지를 연구했다. 백 번 타당한 의견이라고 해도 분위기 파악 제대로 못 하면 벼슬은 고사하고 정말 험한 꼴을 당한다는 것을 너무나 잘 알고 있었기 때문이다. 그들의 비결은 간단히 말해 입장을 바꿔 생각하는 것이다.

보고서를 쓰기 전에 역지사지(易地思之)를 세 번 외치라고 한 것은 바로 이 때문이다.

보고서는 철저하게 '읽는 사람의 관점, 즉 보고받는 사람의 입장'에서 시작해야 한다.

보고서를 읽는 사람을 이해시킬 수 없다면 이해를 못 한 사람이 아니라 이해를 못 시킨 자신을 먼저 되돌아봐야 한다. 보고서의 목적이 피 보고자에게 정확한 정보를 전달하여, 현명한 의사결정을 끌어내는 데 있다는 것을 잊지 말아야 한다.

너! 인성(?) 아니,
기본에 문제 있어?

"많은 아마추어 골퍼들은 기본기는 소홀히 한 채 특별한 비법을 바랍니다. 하지만 매일 기본기를 점검하는 것만큼 확실한 비법은 없습니다. 매일 해야 하는 일이기 때문에 귀찮겠지만, 하지 않으면 문제가 될 수 있죠.

오랫동안 왁스로 광을 낸 구두는 하루 이틀 정도 닦지 않아도 광이 살아 있습니다. 다시 닦으면 금세 빛이 나죠. 하지만 광을 낸 지 얼마 되지 않은 구두는 하루만 관리하지 않아도 빛을 잃습니다.

기본기도 이와 마찬가지가 아닐까 생각합니다."

미국 여자 프로골프 LPGA 무대에서 여러 차례 우승하며 맹활약한 프로골퍼 지은희가 인터뷰 중에 밝힌 기본기에 대한 생각이다. 기본기의 중요성과 속성을 너무나 적절하게 표현했기에 실어 보았다.

스포츠, 예술 분야는 물론 공사판에서 삽으로 땅을 파더라도 가장 중요한 것은 바로 '기본기'다.

사전적 의미의 기본기는 기초가 되는 기술을 의미한다. 나는 기본기를 "한 분야에서 누구도 이견 없이 검증되었으며, 모든 기술의 시작이 되는 것"이라고 정의하고 싶다.

보고서도 마찬가지다. 모든 발전은 기본기라는 토대에서 이루어지는 것이다. 하지만 이런 기본기의 중요성을 망각하다 못해 무시하는 사람들도 있다. 기본기는 보통 지루할 뿐만 아니라 재미도 없고 무의미해 보이기까지 해서 그럴지도 모른다.

나는 1990년대 중반에 대학을 다녔다. 인터넷은 아직 먼 나라 얘기였고 지금은 중세시대 유물과도 같은 PC통신조차도 대중화되지 않은 시절이었다. 이 때문에 컴퓨터 사용은 고사하고 켜본 적도 없이 대학에 와서야 처음 키보드 자판을 익힌 사람들도 꽤 있었다.(내가 그 사람이다.)

당시에 '한메타자'라는 프로그램이 PC에 기본으로 깔려있었는데, 손가락 위치부터 시작해서 타자의 기본기를 익히는 필수 코스였다.(인터넷 게임도 없던 시절이라 그것 자체가 놀이였다.)

하지만 이것이 처음부터 익숙 할리 가 없다. 그러다 보니 이른바 독수리타법으로 자판과 모니터를 번갈아 보며 치는 사람들도 있었는데 처음에는 그런 사람의 타자속도가 빨랐다. 그렇지만 얼마 지나지 않아 타자를 정석으로 익힌 사람의 속도는 급속히 늘어난 반면, 독수리타법들은 이내 정체기가 와버렸다. 더 나아가 처음 잘못 익힌 습관 때문에 수년이 지나서도 독수리 신세를 면치 못하는 사람들도 있었다.

기본기란 또한 이런 것이다. 가장 기초적인 것부터 하나하나 제대로 익히는 것은 평생의 자산이 된다. 그렇다면 보고서 작성의 기본은 무엇인가?

"너 인성에 문제 있어?" 유튜브를 통해 한동안 인기를 끈 유행어다.

나는 인성을 '기본'으로 바꾸어 여러분에게 되묻고 싶다. 보고서 작성에서 우리가 지켜야 할 기본은 과연 무엇인가?

경향신문 원희복 선임기자가 쓴 『국가가 알려주지 않는 공무원 승진의 비밀』이라는 책을 보면 다음과 같은 말이 나온다.

"대한민국에서 공무원을 시작하는 사람으로서의 가장 기본은 바로 일상적 업무인 공문서를 잘 작성하는 능력, 다시 말해 우리글을 잘 쓰는 능력이다. 이 능력은 과장, 국장 등 공무원으로 있는 한 계속 중요한 역할을 할 것이다."

여기에서 말하는 공문서는 정책 결정을 위해 작성한 보고서와 이를 시행하는 기안문 등을 통칭하는 의미이다. 저자는 이 구절이 담긴 장의 소제목을 "영어책을 버리고 국어책을 펴라"고 했다.

이 말은 공직을 처음 시작하는 사람들에게 필요한 보고능력의 중요성을 잘 압축한 것이라고 생각한다. 나는 여기에서 더해 좋은 보고서 작성을 위한 기본기를 다음 네 가지로 정리해보았다.

첫째, 마인드다.

보고서 쓰는 데 무슨 마인드 타령이냐고 할 사람이 있을지도 모르겠다. 하지만 혹시 그렇다면 생각을 바꿔야 한다. 좋은 보고서 작성은 올바른 마인드의 정립에서부터 시작한다.

보고서를 단순히 골치 아픈 페이퍼워크로만 여기거나, 내가 하고 싶은 말만 줄줄이 쓴 후에 보고받는 사람이 알아서 이해해야 한다는 식의 마인드를 지녔다면 그것은 재앙이다.(안타깝게도 이런 사람들을 정말 많이 봐왔다.)

보고서를 작성하고 그것을 보고하는 과정은 담당자로서 자신이 추진하고자 하는 일과 의도한 업무의 방향을 결재권자인 상사를 설득하여 이루어내는 과정이다.

『손자병법』에 "지피지기(知彼知己) 백전불태(百戰不殆)"라는 말이 있다. 우리가 흔히 "지피지기 백전백승"으로 잘못 알고 있는 것의 원전이다. 이 말은 "적을 알고 나를 알면, 백번을 싸워도 위태롭지 않다."는 뜻이다. 역사상 최고의 전략가로 꼽히는 손무(孫武)도 승리를 쉽게 장담하지 않았다. 아무리 준비를 잘하고 운이 따른다 해도 상대방이 나보다 더 준비가 잘되고 운이 좋을 수도 있다.

무엇보다 시시각각으로 바뀌는 전장에서 어떤 변수가 생길지는 누구도 장담할 수 없기 때문이다. 대신 상대와 나를 알면 승리를 장담할 수는 없지만 최소한 위태로운 상황은 모면할 수 있다.

보고서를 작성하고 보고하는 과정은 전투가 벌어지는 전장이다. 비록 창칼이 번뜩이는 물리적인 전투는 아니지만, 이해와 설득, 논리의 싸움이 오가는 심리전의 전장이다.

위태롭지 않기 위해 그리고 승률을 높이기 위해서는 보고를 받는 상사를 제대로 파악해야 한다. 그리고 나 자신을 알아야 한다.

아무리 보고서 작성과 보고능력이 출중해도 매번 성공한다는 보장은 없다. 하지만 충분한 준비만 한다면 최소한 위태로운 일을 겪을 확률은 줄일 수 있다. 손자병법과 일맥상통하는 지점이다.

둘째, 글쓰기의 기본을 아는 것이다.

직장에서 영어를 사용하기는커녕 외국인을 만날 일조차 없는 사람이 대부분이다. 하지만 생뚱맞게 뭐 좀 해보려면 판에 박힌 영어성적표를 내놓으란다. 그러다 보니 원어민도 잘 모르는 영문법은 줄줄이 꿰면서도 정작 우리말의 맞춤법도 모르거나 어휘 수준자체가 현저히 떨어지는 경우가 허다하다.

보고서도 결국 글쓰기다. 그렇지만 도대체 무엇부터 어떻게 시작해야 할지 몰라서 막막한 사람들이 많다.

그러면 글쓰기를 잘하기 위해서는 무엇을 해야 할까? 물론 많이 써보면 좋다. 그리고 좋은 피드백을 받을 수 있다면 금상첨화일 것이다. 이런 기회를 둘 다 잡기는 결코 쉽지 않다. 설령 이 두 가지가 전부 충족되더라도 더 중요한 것이 있다.

바로 '독서량'이다. 글을 잘 쓰기 위해서는 다양하고 많은 독서가 중요하다.

프로야구선수들은 동계훈련 기간에 구슬땀을 흘리며 많은 노력을 쏟아붓는다. 힘든 동계훈련을 통해 쌓아놓은 체력이 시즌을 버티게 하는 원동력이 되기 때문이다.

독서도 마찬가지이다. 좋은 아이디어, 빼어난 문구, 글을 풀어가는 주제 등은 다양한 독서를 통해서 쌓아 올릴 수 있는 것들이다. 하지만 그렇다고 무작정 읽기만 한다면 그냥 훌륭한 독서가에 지나지 않는다. 스스로 써보는 습관을 들여야 한다. 일기도 좋고 에세이도 좋고 블로그에 올리는 넋두리라도 좋다. 평소에 글 쓰는 것과 친해져야 한다.

나는 학창 시절 공부에는 별로 관심이 없었다. 그러나 다행히도 글 쓰는 것은 좋아했다. 지금은 활동을 접었지만 한때 꽤 인기 있던 인터넷 문학 카페의 운영자였으며, 대표적인 국내 일간지에 칼럼이나 다양한 글을 게재한 적도 있다.

어느 날은 혼자 PC 야구 게임을 하고는 경기 결과를 보도문 형식으로 작성하기도 했다. 다른 목적이 있어서가 아니라 그냥 글 쓰는 것이 재미있어서였다. 조금 다른 얘기를 하자면, 이런 경험 때문에 책 쓰는 것을 막연하게나마 쉽게 생각했다. 그것이 나의 어리석은 오만이었음을 인정한다. 지금은 작가, 저자라는 칭호가 거저 얻어지는 것이 아님을 뼈저리게 느낀다. 흔히 이렇게 말하는 사람들이 많다. "내가 살아온 이야기를 엮으면 책 몇 권은 나올 거다!"

그렇지만 한번 써보면 결코 쉽지 않다는 것을 알 것이다. 보기에는 쉬워 보이는 책 한 권 쓰는 것이 생각보다 어렵다.

이 책을 읽고 있는 독자 중에도 "나도 책을 내고 싶다."는 포부를 가진 분들이 계실 것이다. 물론 요즘 서점에는 책 쓰기와 관련한 도서가 넘쳐난다. 엇비슷하기도 하고 나름 좋은 내용을 담은 책들이지만 그래도 뭔가 허전한 구석이 있다.

기회가 된다면 완전히 백지상태에서 시작해서 책을 내게 된 나의 경험을 책으로 엮고 싶다. 그리고 여러분도 책 한 권 내는 것에 도전해보기 바란다. 그 과정에서 글쓰기의 기본기와 과정을 실감 나게 체험하게 될 것이다.

또 최고의 공부법은 남을 가르쳐보는 것이라고 한다. 가르친다고 해서 꼭 강의만 생각할 것은 아니다. 글쓰기를 통해서도 가능하다.

나는 정기적으로 나오는 기술 잡지에 다양한 글을 게재했다. 내가 알고 있는 최신 기술에 관한 내용도 있었고 잘 알려지지 않은 역사 속 이야기를 다룬 칼럼도 있다. 목적을 지니고 글을 쓰는 자체가 공부였고 성장의 기회였다. 뭘 제대로 알아야 쓸 수 있기 때문이다.

어느 국제학술대회에서 발표하던 모습이 눈에 띄어 모 대학 학장님의 부탁으로 대학원생들에게 영어 프레젠테이션에 대한 강의를 한 적이 있다.(내가 잘해서라기보다는 이런 사람도 한다는 것을 보여주고 싶었던 학장님의 깊은 의중이었다고 생각한다.)

이와 함께, 당시 학생들이 졸업논문으로 고민을 하고 있을 때여서 나의 경험을 토대로 효과적인 논문작성법을 강의했다. 강의를 준비하는 과정에서 스스로가 정말 많은 공부를 하게 되었다. 그동안 말로만 들었던 남을 가르치는 것이 진정한 공부가 된다는 말의 의미를 체감하는 기회였다. 나 혼자는 잘 안다고 믿는 내용이지만, 사람인 이상 그것이 부정확하거나 오류가 있을 수도 있다. 강의를 준비하는 과정은 그런 불확실한 것을 검토하며 다시 공부하는 과정이었다.

또 블로그나 다양한 온라인 채널을 통해 꾸준히 글쓰기를 연마하고 피드백을 받을 수 있다. 뭐가 되었든 부디 실천해보기 바란다. 그 경험치는 전부 여러분의 능력치로 환산될 것이다.

셋째, 항상 배우고 발전하겠다는 자세다.

공부를 잘하는 사람이 더 열심히 공부하고, 외모가 빼어난 사람이 꾸미는 것도 잘한다. 나의 경우 그동안 수많은 보고서를 작성했지만 완벽하게 맘에 드는 것은 하나도 없다. 그중에는 상사들에게 과찬이다 싶을 정도로 많은 칭찬을 받고 모범이 된 것들도 있다. 하지만 시간이 흐르고 다시 그 보고서들을 봤을 때 항상 창피함에 손발이 오그라드는 기분을 느낀다. 부족한 점도 많이 보이지만 더 잘할 수 있었는데 하는 마음이 앞서기 때문이다.

한편으로는 내가 그동안 안주하지 않고 발전을 했기 때문에 그런 차이를 느끼는 게 되는 것이라 생각한다. 이 때문에 나는 간단한 기안문이라도 이전에 했던 것을 그대로 사용하는 법은 거의 없다.

하다못해 문구나 단어라도 더 나은 것을 사용하기 위해 고민한다. 그것도 안 되면 줄 간격이나 구두점이라도 새롭게 넣어본다.

넷째, 보고서 작성의 규칙을 익히는 것이다.

우리가 작성하려는 보고서는 문학작품이 아니다. 이 때문에 아무리 창조적인 아이디어와 편집, 구성이 들어간다 해도 지켜야 하는 규칙이 있다. 물론 이러한 규칙이 새로운 시도를 어렵게 하고 구태의연한 이전의 것을 답습하게 할 수도 있다. 내가 말하는 것은 과거를 답습하라는 의미가 아니다.

공직자가 작성하는 문건은 일기장이 아니다. 그 자체가 기록물이며, 정책을 결정하고 실행하는 근거문서가 된다. 이른바 공문서이다. 이 때문에 일련의 격식을 갖추어야 한다. 여러분은 이러한 최소한의 규칙을 익혀야 한다.

중요한 모임에 참석할 때는 그에 맞는 드레스 코드가 있듯이 보고서와 이를 토대로 생산되는 공문서에도 나름의 규칙이 있다. 물론 이것을 반드시 따라 해야 할 의무가 있는 것은 아니다. 그래도 FM(Field Manual)을 알아야 기교도 부릴 수 있다. 그러므로 지금부터 기본을 충실히 하는 습관을 들여야 한다. 이와 관련해 다음을 참고하기 바란다.

헷갈리기 쉬운
공문서 표기부터 알아두자

1.「행정 효율과 협업 촉진에 관한 규정 시행규칙」(행정안전부)

2.「행정업무운영 편람」(행정안전부) 中

"제2장 공문서 관리 등 행정업무의 처리"

"제1절 공문서의 작성 및 처리"

이 자료들을 참고하라는 이유는 말 그대로 공문서 작성을 위한 기본 규칙이기 때문이다. 이중 실무에서 가장 빈번하게 틀리고 헷갈리는 대표적인 것들을 정리해보겠다.

항목의 순서 표시

보고서의 모든 항목 순서는 상위 항목부터 하위 항목까지 정해진 순서가 있다. 1. 가. 1) 가) (1) (가) ① ㉮의 형태로 표시해야 한다. 필요한 경우에는 □ ○ - . 등의 특수한 기호로 표시한다.

구분	항목기호	비고
첫째 항목	1. 2. 3. 4. …	
둘째 항목	가. 나. 다. 라. …	'가 나 다…' 순으로 표기
셋째 항목	1) 2) 3) 4) …	하는 항목이 '하' 이상 계
넷째 항목	가) 나) 다) 라) …	획되면
다섯째 항목	(1) (2) (3) (4) …	'거 너 더…' 단모음 순으로
여섯째 항목	(가) (나) (다) (라) …	표시한다.
일곱째 항목	① ② ③ ④ …	
여덟째 항목	㉮ ㉯ ㉰ ㉱ …	

금액의 표시

'금' 한 칸 띄고 아라비아 숫자로 쓰며, 숫자 다음에 괄호를 하고 한글로 기재한다. 숫자 앞에 붙이는 '금'은 위변조 우려가 있을 경우를 대비해 붙여 써도 무방하다.

예시 금∨152,670원(금일십오만이천육백칠십원)

Tip: '금 152,670원' 뒤에 '정'은 붙이지 않는다.

참고로 표준국어대사전에 따르면 '금'은 문서상에서 돈을 이르는 말이고 '일금'은 전부의 돈을 의미한다. 큰 의미차이는 없으나 '일금'을 사용하는 경우는 드물다.

년도? 연도?

20××년도처럼 햇수를 나타내는 경우는 년도를 사용하고, 그 외에는 '연도'로 적는다.

예시 설립년도(×) ⇒ 설립연도(○)

연월일, 요일의 표기

숫자로 표기하며 '연, 월, 일'과 같은 글자는 생략하고 그 자리를 한 칸씩 띄우고 온점을 반드시 찍는다. 특히 10미만의 월, 일에 '0'을 붙이지 않는다.

예시1 2021.12.31.(금)(×) ⇒ 2021.∨12.∨31.(금)(○)

예시2 2021.01.01.(금)(×) ⇒ 2021.∨1.∨1.(금)(○)

예시3 일시: 2021. 12. 25.(토) 14:00

Tip '일시'라고 표현했다면 반드시 날짜와 시간도 함께 적자.

시간의 표기

시·분은 24시각제로 숫자로 표기하고 시·분의 글자는 생략한다. 시와 분 사이에는 쌍점(:)을 찍는다.

예시 오전 8시 30분(×) ⇒ 08:30(○)

단위 띄어쓰기

단위 명사는 앞말과 띄어 쓴다.

> **예시** 3억달러(×) ⇒ 3억∨달러(○), 100만톤(×) ⇒ 100만∨톤(○)

관형사/접두사 '총'

모두 합해 몇임을 나타내는 관형사 '총'은 뒷말과 띄어 쓴다. 단, 접두사로 쓸 때는 붙인다.

> **예시1** 관형사로 쓸 경우: 총500대(×) ⇒ 총∨500대(○)
> **예시2** 접두사로 쓸 경우: 총∨인원(×) ⇒ 총인원(○)

문장부호

쌍점(:)은 앞말에 붙이고 뒷말과는 띄어 쓴다.

> **예시** 원장 : 홍길동(×) ⇒ 원장: 홍길동(○)

물결표(~)는 앞말과 뒷말에 붙여준다.

> **예시** 5. 5. ~ 5. 15(×) ⇒ 5. 5.~5. 15(○)

동의어로 생각하지만 다른 의미의 용어

▲ 향후(向後) / 차후(此後) / 추후(追後)

흔히 동의어로 생각하고 별 차이 없이 혼용하지만 의미가 다른 단어다. 아래와 같이 이해하면 좋겠다. 하지만 '향후'를 일반적으로 사용한다. 물론 어법적으로 깊이 들어가면 더 많은 내용과 미묘한 차이도 있으나 굳이 깊게 다룰 필요는 없을 것이다.

용어구분	사전적 의미	시점 / 예시
향후	이것에 뒤이어 오는 때나 자리	가까운 미래 / 향후계획
차후	지금부터 이후	가까운 미래 / 차후일정
추후	일이 지나간 얼마 뒤	시점이 정해지지 않은 먼 미래 / 추후통보

▲ 참고(參考) / 참조(參照)

이 역시 동의어로 착각하는 경우가 많다. 하지만 엄연하게 의미가 다른 단어다. 습관적으로 "첨부를 참조하여 주시기 바랍니다."와 같이 '참조'를 많이 쓰지만 '참조'는 "비교하고 대조한다."는 의미이다.

이럴 경우는 '참고'라는 표현이 적절하다.

용어구분	사전적 의미	예시
참고	살펴서 생각함	붙임을 참고하여 주십시오.
참조	참고로 비교하고 대조하여 봄	관계기사를 참조바랍니다.

▲ '붙임' 표시

붙임 뒤에서 커서를 '두 칸' 띄우고 쌍점(:)은 붙이지 않는다.

> 예시   붙임∨∨1.∨관련공문 사본∨1부.∨∨끝.

▲ '끝' 표시

마지막 글자에서 커서를 '두 칸' 띄우고 쓴다. 칸이 모자라면 다음 줄 왼쪽 끝에서 커서를 '두 칸' 띄우고 쓴다.

> 예시   …하고자 합니다.∨끝.(×) ⇒
> …하고자 합니다.∨∨끝.(○)

이상 가장 빈번하게 사용하지만 너무나 자주 헷갈리는 대표적인 공문서 표기 방법을 정리해보았다. 무릎을 '탁' 치며 "아하! 이거였구나!" 하는 분들도 있을 것이고 "내용이 중요하지 이런 게 뭐가 중요하냐?"고 하는 사람도 있을 것이다. 자꾸 말하지만 우리가 작성하는 것은 공적 효력을 지닌 공문서다. 이 때문에 정해진 기준을 가능한 적용 해야 더욱 완성도 높은 보고서를 작성할 수 있는 것이다.

더 깊게 들어가면 양이 너무 많고 이 책의 목적과도 멀어질 수 있기 때문에 여기까지만 다룰까 한다. 공문서 작성 시에 가장 빈번하게 사용하는 사례를 들었으므로 이 정도만 숙지해도 업무에 문제는 없을 것이다. 공문서 표기법은 누구나 자주 헷갈리고 실수한다. 정작 이 글을 쓰고 있는 나부터도 자주 저질렀던 실수들이다.

사실 이런 규칙을 조금 틀렸다고 잘못되거나 하는 것은 아니다.

흔히 쓰는 말로 "대세에 지장은 없다." 하지만 이것들은 조금만 관심을 가지면 고칠 수 있고 우리가 추구하는 기본기에 속하기 때문에 가능한 지킬 것을 강력히 권장한다.

덧붙여 말한다면 여러분이 실무에서 보고서를 작성하고 보고하는 과정에 가장 많이 듣게 되는 말이 "대세에 지장이 있냐?" 일 것이다. 즉, "사소한 것이냐? 중요한 것이냐?"를 묻는 것이다.

사소한 오타나 큰 의미 없는 데이터라면 대세에 지장이 없는 것이고 보고 과정에 그냥 넘어갈 수도 있다. 하지만 내용이 대세에 지장이 있다면 보고서보다 담당자의 앞날에 먼저 지장이 생길 수도 있다.

그렇다고 지난 실수를 두고 괴로워하지 말자.

다 그러면서 배우고 익히는 것이니까~

4.
글 잘 쓴다고
보고서도 잘 쓰나?

일본의 세계적인 소설가 무라카미 하루키는 어떤 인터뷰를 통해 "소설가에게 있어 가장 중요한 자질은 재능이다."라고 단언한 적이 있다.

여기에 대해 수긍하는 사람도 있지만 반박하는 사람도 적지는 않다. 개인적인 견해라는 전제에서 말한다면 문학은 분명 재능이 있어야 한다고 믿는다.

문학뿐 아니라 예술, 스포츠 등 모든 분야에서 최소한 프로라고 인정받는 이들은 재능, 노력, 환경, 운의 네 박자가 맞은 사람들이다. 그리고 그런 이들이 모여 경쟁하는 곳이 프로의 세계다.

나는 노력이면 다 된다는 식의 노력 제일주의자의 논리에는 절대 동의하지 않는다.

야구 배트만을 전문으로 제작하는 기술자의 인터뷰를 본 적이 있다. 그에 따르면 공장에서 같은 나무를 같은 기계로 같은 작업자가 작업해도 프로가 사용하는 고품질의 제품은 적은 수량만 나온다고 한다.

야구 배트도 이런데 하물며 사람은 어떻겠는가?

때로는 인정하기 싫지만 재능을 무시할 수 없다. 어쩌면 가장 중요한 요소이고 흔히 말하는 꾸준함과 몰입도 재능이라고 생각한다.

한 분야의 재능은 우수함과 열등함을 나누는 기준이 아니라 서로 다름을 인정하는 것이다. 제아무리 천재라고 해도 모든 분야에서 뛰어나지는 못하듯이 자신의 강점 분야와 재능을 빨리 찾고 발전시키는 것이 중요하다고 믿는다.

"보고서도 재능이 없으면 포기하라는 소리냐?"라고 묻는다면, 나의 대답은 "전혀 그렇지 않다."이다.

물론 보고서에도 재능은 분명 빛을 발휘한다. 같은 내용도 더욱 간결하고 임팩트 있는 표현과 단어를 구사해서 맛깔나고 깔끔하게 작성하는 사람이 있다. 또 뛰어난 구성과 편집 실력으로 보고서를 더욱 돋보이게 하는 감각을 지닌 사람도 있다.

보고서는 무라카미 하루키가 말한 소설과 같은 문학의 영역이 아니다. 예컨대 운동신경이 없는 사람도 꾸준히 노력하고 피드백을 받으면 준 프로급 또는 수준급 아마추어 레벨에는 도달할 수 있다.

보고서도 마찬가지다. 반대의 경우로 문학적인 글을 잘 쓴다고 해서 보고서를 잘 쓰는 것은 아니다. 영역이 다르기 때문이다. 내가 책을 쓰는 이유도 이것을 말하고 싶어서다.

  나름의 기준과 매뉴얼을 습득한다면 '보고서의 신(神)'까지는 아니어도 최소한 빈 화면을 띄어놓고 한숨만 쉬는 일은 절대 없을 것이다. 그동안 속고만 살아왔는지는 몰라도 한 번 더 속는 셈 치고 믿어보시라.

초등생이 알아듣고
중학생도 이해하는 보고서

"초등학생, 중학생도 알아듣고 이해해야 한다."

보고서와 관련해서 가장 많이 들어온 직장 내 격언이다. 심지어는 보고서를 잘 쓰는 사람을 빗대어 "ㅇㅇ차장이 쓴 보고서는 중학생도 이해할 수 있게 썼어."라는 칭찬도 한다.

당연히 알겠지만 초등학생이나 중학생을 비하하는 것이 절대 아니다.(나는 중학생 딸과 정치현안과 경제에 관해 자주 토론하며, 항상 내가 많이 배운다.)

사전지식이 없는 사람도 이해할 수 있다면 내용의 핵심을 알기 쉽게 정리했다는 의미이다. 가장 좋은 글은 쉬운 글이라고 생각한다. 쉽다는 의미가 유치원이나 초등학생 수준의 단어를 쓴다는 말이 아니다.

머릿속에 그림이 그려지는 글이 쉬운 글이다.

달변가의 말을 들으면 청각의 시각화가 일어난다. 듣고 있는 이야기가 눈앞에 그림처럼 보이는 경지이다.

글도 마찬가지다. 뛰어난 문장은 배운 티 팍팍 내며 어렵고 난해한 말을 쓰는 것이 아니다. 바로 글을 읽으면 그 내용이 머릿속에서 저절로 그림이 그려지게 만드는 것이 훌륭한 글이다.

나는 호러소설의 대부 스티븐 킹과 『영원한 제국』의 작가 이인화의 소설을 좋아한다. 스토리가 엄청나서가 아니다.

다름 아닌 그들의 글은 머릿속에 생생한 그림이 그려지게 만드는 뛰어난 묘사력을 지녔기 때문이다. 문학작품과는 결이 다른 보고서도 이 부분에 대해서는 다를 바가 없다. 이것은 우리가 추구해야 하는 정점의 목표이자 이상향이다.

잘 모르는 사람일수록 말을 빙빙 돌리고 이해하기 어려운 용어를 사용한다. 보고서를 잘 작성하기 위한 전제조건은 탁월한 문장력이 아니라 관련 내용을 얼마나 제대로 파악하고 있느냐에 달렸다.

"궁극의 모든 것은 심플(Simple)하다."

군더더기는 없고 핵심만 존재한다는 뜻이다. 어느 분야이건 제대로 이해하는 사람은 쉽게 설명할 수 있다. 하지만 잘 모르거나 어설프게 알면 말과 글이 길어지고 복잡하다.

좋은 보고서 작성의 시작은 보고서에 담는 내용을 제대로 이해하고 나만의 언어로 정제할 줄 아는 데에서 출발한다.

간단하게 생각해보자! 나도 이해하지 못한 것을 다른 사람에게 이해시킬 수 있겠는가? 너무나 당연한 이치다.

시험을 보다 잘 모르는 문제가 나왔다고 횡설수설하는 엉뚱한 말로 답안지를 채우면 "그래도 양으로 승부했다."는 자기만족은 있을지언정 제대로 된 결과를 기대하기는 어렵다.

우리가 상대할 상사는 얼굴도 모르는 채점관이 아니다. 내가 설명하고 이해시키고 설득해서 내가 원하는 의사결정을 불러와야 할 나의 고객임을 잊지 말자.

술자리부터 쫓지 말고 인사부터!

한국 사회에서 술자리는 친목 도모를 위해 어쩔 수 없는 필요악이다. 물론 누군가에게는 위안을 주고 수많은 고급정보와 조직 내가십거리가 오가며, 무엇보다 개인 간에 쉽게 친해질 수 있는 가장 빠르고 확실한 방법이긴 하다.

상급자가 주최하는 술자리에 초대받는 여부에 따라 부서 내 위상이 달라지기도 한다. 그러다 보니 이런 자리를 열심히 쫓아다니는 사람들도 많고 때로는 능력과 성과를 넘어선 처세인 것도 부정할 수는 없다.

하지만 신참자가 인맥을 넓히려는 수단이라면 이야기가 다르다. 가성비가 뛰어난 방법은 아니기 때문이다. 인맥은 "기브 앤 테이크(Give & Take)"가 가능할 때 성립한다. 즉, 줄 게 없는 나와 이미 가진 사람 사이에서 형성되기는 어렵다.

당신은 어젯밤, 회사 실세인 아무개 본부장과 밤새 술을 마셨다고 뿌듯해할지 모른다. 하지만 당신이 평소 주목을 받던 인재가 아닌 다음에야 그분들은 까맣게 잊어버리는 것이 현실이다.

그만큼 술자리가 많고 수많은 사람과 만나기 때문이다. 이름도 생소한 젊은 신입직원을 기억할 만큼 여유롭지는 않다.

나의 경우는 술자리를 자주 하지 않다 보니 동석했던 사람들을 잘 기억한다. 하지만 술자리가 일상인 사람들에게는 '술 마신 사람 3(이름은 잘 모름)'과 같은 엑스트라로 끝나는 경우가 다반사다.

또 아침에 졸린 눈을 하고 출근해서 술 냄새를 풍기는 것은 결코 좋은 이미지를 만들 수 없다. 좋든 나쁘든 뒤에서 핀잔이 뒤따르기 때문이다. 직장에 첫발을 내디딘 초보 공직자, 아니! 직장인의 최고 처세는 너무나 간단하지만 또 의외로 잘 지키지 못하는 것에 있다.

바로 '인사'다.

정중한 인사와 반갑고 예의 바른 전화 태도는 가장 확실한 자기 PR이며, 가장 손쉽게 좋은 이미지를 심어줄 수 있는 방법이다. 상사 입장에서도 어젯밤 함께 음주가무를 한 술고래보다 예의 바른 젊은이에게 호감 가는 것은 인지상정이다.

옛날 설탕 무역이 한창일 때 일이다. 당시 배로 바다를 건너 설탕을 수출하는 과정에서 뜨거운 열기로 설탕이 증발해버리는 일이 잦았다고 한다. 무역 상인들은 이 때문에 큰 손해를 입었고 결국 많은 상금을 걸고 설탕의 증발을 막기 위한 아이디어를 공모했다.

별의별 방법을 다 시도했지만 모두 실패했다. 물론 그중 효과적인 방법도 더러 있었지만 비용이 너무 많이 들거나 과정이 복잡해서 배보다 배꼽이 더 커지는 것이라 사용할 수 없었다.

그런데 해결방법은 어느 선원의 경험을 통해 간단하게 나왔다. 설탕 봉지에 작은 바늘구멍을 몇 개 내어서 통풍구멍을 만드는 것이었다. 돈도 거의 안 드는 허망할 정도의 간단한 방법으로 선원은 엄청난 상금을 벌었고 상인들은 설탕 무역에서 큰 이익을 얻을 수 있었다.

인사도 마찬가지다. 설탕 봉지에 뚫은 작은 바늘구멍처럼 간단하지만 가장 효과적인 처세술이다. 이와 반대로 인사를 잘 안 하거나 퉁명스러운 전화 태도로 이른바 찍히는 경우도 허다하다.

"까짓것. 나는 그런 거 신경 안 써! 마이웨이야!"라고 외치는 사람도 있을 수 있겠지만 그런 사람은 이 책을 읽고 있지도 않을 것이다. 이 책을 읽고 있는 여러분은 스스로 고립되거나 고난의 가시밭길을 걷고자 하는 사람은 아니라 믿는다.

사실은 나도 한때 인사에 어려움을 겪었던 적이 있다. 다름 아닌 쑥스러움 때문이었다. 하지만 누가 그 속을 알아주겠는가?

그냥 인사성 없는 젊은 녀석일 뿐이지. 내가 터득한 인사 잘하는 방법은 간단하다.

역설적으로 인사 자체에 큰 의미를 두지 말아야 한다.

"저 사람이 인사를 안 받으면 어쩌지?" "누구인지 잘 모르는데." 같은 복잡한 생각이 인사를 주저하게 만든다. 그런 생각 없이 반사적으로 인사를 해보자. 외국에 나가면 특히 서구인들은 처음 보는 사람에게도 웃으며 반갑게 인사하곤 한다.

문화적 차이도 있겠지만, 어쨌든 쿨한 외국인으로 빙의해서라도 만나는 사람마다 반갑고 정중하게 인사하자.

열 번의 술자리보다 한 번의 인사가 평판에 더 큰 영향을 미칠 수 있다는 사실을 잊지 않으면 좋겠다.

3장

보고서 작성,
이렇게 하자

1.
보고서 작성에
정답은 없다

꽤 오래전 일이다. 바야흐로 도올 김용옥 교수가 막 핫해지고 유명세를 타기 시작한 시절이다. 당시 김용옥 교수가 청소년 대상 방송 프로그램에 출연한 것을 본 적이 있다. 채널을 돌리다가 아무 생각 없이 보게 된 프로그램이었는데 이때 나는 조금 놀라는 일이 있었다.

당시에도 김 교수는 독특하고 직설적인 어투와 과장된 몸짓이 트레이드마크였다. 그런데 청소년들을 만난 자리에서는 전혀 다른 사람처럼 행동하는 것이었다. 청소년을 위한 공부 방법에 대한 내용이었는데 어린 청중들에 맞춰 차분한 목소리와 점잖은 언행으로 말하고자 하는 바를 전달했다.

자신의 생각을 거부감 없이 효과적으로 전달하기 위해 본인의 트레이드마크마저 잠시 접어두는 모습을 보며, 정말 전문가다운 면모를 느꼈다.

보고서도 이와 마찬가지다. 보고서의 관점은 작성자인 내가 아니다. 나의 보고를 받아 의사결정을 하는 상사, 임원, CEO 또는 정보가 필요한 고객, 정책에 관심 있는 일반 국민일 수도 있다. 이에 따라 보고서의 모든 것은 그들에 맞춰 최적화되어야 한다.

예컨대, 자세한 세부사항과 다양한 대안을 알고 싶은 상사에게 간략한 메모 보고를 올리거나, 핵심내용 파악이 시급한 사람에게 장황한 보고서를 들이대면 짜증을 유발할 것이다.

이 때문에 보고 내용, 보고자의 성향, 당시의 환경과 상황에 맞는 보고서를 작성하고 최적의 보고 타이밍을 찾아야 한다. 많은 이들이 모든 문을 열 수 있는 마스터키처럼 모든 상황에 통하는 정답을 찾는다. 하지만 어디에도 그런 정답은 없다. 대신 검증된 최선의 방법은 있다.

보고서도 장기적인 관점으로 보면 트렌드가 있다. 이것은 유행이라기보다는 발전이라고 할 수 있다. 또한 모든 혁신과 발전은 기존의 틀을 깨는 데에서 시작된다. 정답이 없다는 것은 역설적이게도 무엇이라도 정답이 될 수 있다는 뜻이기도 하다.

야구에는 '3할의 예술'이라는 말이 있다. 열 번 타석에 나가 세 번만 안타를 쳐도 예술의 경지라는 의미다. 보고서를 쓰는 우리는 최소 7할 이상은 쳐야 일 좀 한다는 소리를 들을 것이다.

보고서는 어찌 보면 확률을 높이는 게임이다. 같은 보고서라 하더라도 타이밍과 분위기에 따라 평가는 극단적으로 갈릴 수 있다.

하지만 프로는 아무리 안 좋은 상황에서도 일정 수준을 유지하는 것이 아마추어와의 능력 차이다.

그 수준을 꾸준히 높이고 유지하며, 정답 아닌 정답을 찾아 나서는 것은 초보 공직자 뿐 아니라 모든 직장인의 변함없는 미션이다.

관점만 바꾸면 확
달라지는 보고서 퀄리티

앞서 보고서에 정답은 없다고 했다. 그렇지만 아무리 시간이 지나도 변하지 않는 불변의 가치는 있듯이, 보고서 작성에서 단 하나 불변의 가치가 있다.

바로 '관점'이다.

어느 기술부서에서 CEO에게 보고서 때문에 크게 혼이 난 일이 있다. 대부분 CEO는 경영자이지 엔지니어가 아니다. 설령 한 분야의 전문가라 하더라도 당연히 보고서는 핵심내용에 대해 알기 쉽게 써야 한다.

하지만 해당 부서에서는 이해하기 어려운 전문용어로 보고서를 범벅 해버렸다. 그리고 쉽게 설명할 수 있는 내용마저도 장황하고 복잡하게 썼다. 마치 "나는 이 정도를 알고 있어요. 당신은 모르지?" 식으로 말이다.

더욱 큰 문제는 "그래서 어쩌라는 거냐?"는 말이 튀어나올 정도로 보고서의 결론도 불분명했다.

당시 CEO는 평소 말씀도 별로 없고 굉장히 점잖은 분이었는데 어찌나 화가 났던지 "당신이 나라면 이 보고서가 무슨 소리인지 이해가 가겠냐?"며 담당 부장에게 불호령을 쳤다는 얘기를 들었다.

또 내가 기획부서에 있을 때 경험한 일이다. 당시 현장에서 안타까운 사고가 발생했다. 국정감사를 앞둔 터라 국회에서도 이 문제에 큰 관심을 갖고 있었다. 이 때문에 사고 현황과 원인, 후속 조치 계획을 설명할 수 있는 보고서를 급하게 준비해야 했다.

얼마 지나지 않아 담당 부서에서 작성한 보고서를 받아봤다. 그러나 "오 마이 갓!" 이것을 그대로 보고했다가는 내가 혼쭐이 날 지경이었다.

마치 보고서를 읽는 사람은 아예 신경 쓰지 않고, 내가 하고 싶은 말만 하겠다는 것 같았다. 해당 분야 전문가들이나 알 수 있는 복잡한 기술사항만 장황하게 늘어놓은 것이다.

나 또한 기술직 출신이고 해당 기술과 내용에 대해서도 어느 정도 지식이 있었지만, 그런 내가 봐도 그 보고서를 이해하기는 어려웠다.

결국 내가 다시 보고서를 고쳐 써서 거꾸로 담당 부서에 확인을 받아 제출하는 웃지 못할 상황이 벌어지기도 했다.

이런 일이 발생한 근본적인 원인은 무엇일까?

성의가 없어서일까? 아니면 능력이 없어서?

안타깝게도 그 보고서를 쓴 사람들은 그 분야에 내로라하는 전문가들이었다. 그리고 보고서 작성을 위해 야근까지 하며 고생했다. 그럼에도 그 보고서가 처참한 실패로 돌아간 원인은 무엇인가?

바로 '관점'의 문제다.

관점을 보고받는 사람이 아닌 자신에게 두었기 때문이다. 이 때문에 나만 이해하는 내용, 내가 하고 싶은 말만 실컷 써버린 보고서가 된 것이다.

보고서 작성자의 관점은 이처럼 중요하다.

이것은 마치 음식을 파는 요리사가 고객의 입맛과 취향은 무시하고 자기 입맛에만 맞춰 음식을 만들어 팔겠다는 것과 마찬가지이다.

물론 음식이라면 나와 입맛이 꼭 맞는 누군가가 사 먹어 줄 수도 있다. 하지만 보고서라면 전혀 다른 얘기다.

나는 보고서뿐 아니라 모든 인간관계의 기초는 바로 '관점의 차이'에 있다고 믿는다. 관점의 또 다른 의미는 '배려'이며 '관심'이다.

오래전에 보았던 어느 드라마의 장면이다.

홀로 사는 아리따운 미망인이 있었다. 동네에는 이 여성을 좋아하는 돈 많은 구두쇠 영감님이 있었는데, 이 사람은 오로지 돈만 밝혔지 인간관계나 여성을 대하는 것에는 철저하게 무지했다.

그럼에도 이 여성의 맘을 얻고 싶었던 구두쇠는 "여자들은 꽃을 좋아한다."는 말을 듣고 꽃집에 꽃을 사러 간다.

하지만 돈을 아끼기 위해 꽃집에서 버리려고 놔둔 시든 꽃바구니를 헐값에 사서 여성에게 보냈다. 다 시들어버린 꽃바구니를 받은 사람은 황당함과 수치심에 치를 떨었다. 여인이 이후 구두쇠와는 아예 상종조차 하지 않은 것은 물론 당연한 결과다.

"드라마에서나 나오는 얘기지! 그런 사람이 어디 있냐?"라고 할 것이다. 안타깝지만 우리도 이 어리석은 구두쇠와 같은 어처구니없는 실수를 저지른다. 바로 보고서를 작성할 때 말이다.

이 보고서가 나에게는 몇 날 며칠을 고민하고 밤을 샌 땀과 눈물의 결실일지 모르지만, 보고 받는 입장에서는 오늘도 변함없이 올라오는 수많은 보고서 중 하나라는 생각을 항상 해야 한다.

대기업의 경우에는 신속한 의사결정을 위해 보고서 형식을 중요하게 여기지 않는 곳이 많은 것으로 안다.

우리 기관에도 경력직으로 들어온 유수 대기업 출신들이 있다. 굉장히 유능한 인재들이지만 공통으로 기안문이나 보고서 작성에 어려움을 겪는 것을 보았다. 공직과 사기업의 극명한 차이가 드러나는 부분이다.

공직에서 보고서를 작성할 때는 물론 내용이 중요하지만, 그와 함께 챙겨야 하는 것이 '형식'이다. 바로 공신력을 지닌 공문서라는 특성이 있기 때문이다.

잠깐 화제를 돌려, 처음 책을 쓰려고 맘을 먹었을 때 가장 궁금했던 것은 무엇이었을까?

인세? 출판사 선정 방법? 계약조건? 전부 아니다. 다 틀렸다. 내가 알고 싶었던 것은 바로 원고를 작성하기 위한 용지여백과 서체, 줄 간격 등과 같은 기본적인 사항들이었다.

"그까짓 거 그냥 쓰면 되지 않느냐?"고 하는 분들도 있을지 모르겠다. 사실 맞는 말이다. 나중에 알게 되었지만 책은 워드로 작성한 원고를 그대로 출력하는 것이 아니기 때문에 내 의문은 정말 쓸데없는 것이었다.

그러나 당시에 나는 이것이 정말 궁금했다. 이 궁금증을 해소하기 위해 책 쓰기에 관해 다룬 책을 여러 권 찾아보기도 했지만 어디에도 내가 가장 궁금해했던 그리고 가장 기본적인 이 내용을 속 시원히 알려주는 책은 없었다.

"A4 기준 80장이면 200페이지 분량의 원고가 되고…" 전부 이런 식이었다. 폰트의 종류, 크기, 줄 간격, 자간, 장평, 여백 등에 따라 페이지는 엿가락처럼 늘릴 수도 있고 줄일 수도 있다.

그런데 무엇을 기준으로 80장, 100장인지 글쓴이에게는 너무나 당연해서 거론할 필요가 없을지 모르지만 문외한인 나로서는 너무 답답했다. 결국 어느 블로그에서 원고 분량을 가늠할 수 있는 정보를 알 수 있었고 지금 이 책을 쓰게 되었다.

이제부터 바로 그런 것들에 대한 내용, 보고서의 형식에 대한 내용들을 다루어 보겠다.

3.

보고서 작성 실무

앞에서도 말했지만 보고서는 문학작품이 아니다. 보고서 쓰는 것이 자신이 없다 해도 다음의 프로세스와 예시를 익힌다면 보고서 작업은 한결 수월해지고 시간도 단축될 것이다.

1) 보고서 작성의 프로세스

보고서 작성을 다음의 6가지 절차로 간소화했다. 보고서를 쓰는 당신이 거쳐야 할 순서라고 생각하면 된다.

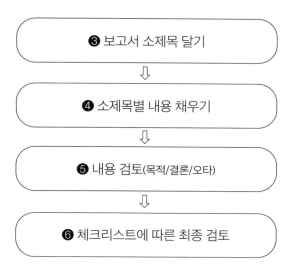

이제부터는 프로세스의 순서에 따라 보고서 작성과정을 살펴보자.

❶ 기본 세팅

· 용지 설정

기본용지는 당연히 A4다. 하지만 한글프로그램의 기본설정은 그대로 사용하기에는 여백이 너무 크다. 여기에 보고서에는 잘 사용하지 않는 함초롱바탕체 10pt가 기본폰트다.

이 때문에 습관적으로 새 문서를 열고 설정을 바꾸는 작업을 먼저 하곤 한다. 시간이 많이 소요되거나 힘든 일도 아니지만 낭비

요소가 아닐 수 없다. 당장 F6 버튼을 누르고 스타일에서 설정변경을 하자. 자세한 설정 방법은 인터넷에 넘치도록 나와 있으니 참고 바란다.

나의 경우 '왼쪽, 오른쪽 20mm', '머리말, 위쪽 15mm', '꼬리말, 아래쪽 12mm'에 '휴먼명조체 15pt'를 기본값으로 설정해서 사용한다. 보고서 분량에 따라 머리말, 꼬리말, 위쪽, 아래쪽 설정은 적절히 조정하지만 대체로 왼쪽, 오른쪽 20mm는 기본적으로 지킨다.

머리말 등 상단여백을 높게 잡는 이유는 문단 배치의 균형을 고려한 것도 있고, 출력물 위쪽에 구멍을 내어 편철하므로 공간을 확보하려는 이유도 있다.

내가 제시하는 것도 어디까지나 예시일뿐 규정이 아니다. 보고서의 분량과 개인의 선호도에 따라 유연하게 적용하면 된다. 무엇보다 모든 문서작성의 기본프로그램은 '아래아한글'이다. 그러므로 한글의 소소한 기능을 많이 익혀두면 업무에 큰 도움이 된다.

· 폰트와 줄 간격

폰트는 '휴먼명조체'를 기본으로 사용한다. 휴먼명조체는 화면으로 보거나 출력했을 때 깔끔하고 가독성이 좋기 때문이다.

조선 시대 관료들은 필체를 매우 중요하게 여겼다. 서예 실력이라고 할 수 있는 필체를 통해 그 사람의 됨됨이와 능력 심지어 건강상태와 운명까지도 가늠했다고 한다.

그렇다면 동일한 워드프로세스와 규격화된 폰트를 쓰는 현대는 어떨까? 믿기지 않을 수도 있지만 여전히 존재한다.

어떤 사람이 쓴 보고서는 내용을 읽어보기도 전에 정리가 잘 되고 깔끔하다는 인상을 주고 능력자의 기운이 느껴진다. 하지만 어떤 사람은 유사한 양식을 사용했는데도 뭔가 어설픈 느낌을 준다. 심할 때는 아예 읽고 싶지도 않게 만드는 경우도 있다.

이런 차이는 폰트, 크기, 줄 간격, 자간과 장평과 같은 사소한 것에서부터 생겨난다. 그렇기 때문에 사소해 보이는 이것들을 강조하는 것이다.

한번은 어떤 사안의 현황보고를 본부장님께 드린 적이 있다. 잠시 뒤 복도에서 마주친 본부장님이 "오~ 보고서 정말 훌륭하던데, 그런데 아직 읽어보지는 않았어."라며 빙그레 웃으시는 것이었다.

이게 무슨 소리인가? 싶겠지만, 정말 읽지 않았다는 것은 아니다. 보고서의 구성과 형태가 안정적이고 논리적이므로 소제목만 읽어봐도 전체적인 맥락과 결론이 이해되었기 때문에 세세히 살펴볼 필요는 없었다는 칭찬이었다.

"보기 좋은 떡이 먹기도 좋다."는 속담처럼 구성이 깔끔하니 먼저 신뢰가 생겼기 때문이기도 하다.

이 말이 믿기지 않는다면 서점이나 도서관에 가서 아무 책이나 몇 권을 펼쳐보기 바란다. 어떤 책은 내용을 제대로 읽기도 전에 무슨 이유에서인지 믿음이 가고 읽고 싶은 마음이 생기는가 하면, 또 어떤 책은 내용은 괜찮아 보여도 어쩐지 믿음도 안 가고 읽고 싶은 생각조차 생기지 않는다.

기억하자! "보기 좋은 떡이 먹기도 좋다."

다시 본론으로 돌아오자.

본문에 대한 부가적인 설명이나 표 안에 들어가는 폰트는 중고딕체 또는 휴먼고딕체 12~13pt를 사용한다. 휴먼명조체 대신 다른 폰트를 사용하는 이유는 본문과 차별화시키려는 의도다.

굳이 이 정도 크기를 쓰는 것은 경험상 크기가 가장 적절한 크기이기 때문이다. 이것 미만일 때는 글자가 작게 보이고 14pt 이상은 글자가 커서 본문과 차별화가 어렵다.

중고딕체를 활용한 부가설명은 줄 간격도 130%를 기본으로 하며 보고서 분량과 구성에 따라 가변적으로 적용한다.

또 줄 간격은 기본 설정된 160%보다는 180%를 기본으로 사용한다. 가독성이 좋고 출력했을 때 보고서가 더 깔끔해 보이기 때문이다. 사실 가독성은 200%가 가장 좋다. 하지만 보고서의 분량과 문단 등을 고려하여 180%를 기본으로 하고 200% 이내에서 조절한다.

이때 가급적이면 한 페이지의 본문 줄 간격은 동일하게 맞추는 것이 좋다. 그래야 보고서가 안정감 있어 보이기 때문이다.

❷ 보고서 종류 결정

우리가 다룰 보고서는 어떻게 분류하느냐에 따라 그 종류가 다양하다. 여기서는 보고서 종류를 형태에 따라 두 가지로 나눠보고자 한다.

"요약보고인가? 기획보고인가?"

· 보고서 종류

요약보고	기획보고
업무의 핵심사항을 담은 1~2페이지 분량의 보고서	특정한 목적을 위해 작성되는 일정 분량 이상의 모든 보고서

보고서는 형태로 구분하여 요약보고와 기획보고 두 가지 범주에 들어간다고 생각한다. 요약보고와 기획보고는 내가 편의상 붙인 이름이다. 규정에 있거나 하는 것은 아니므로 가볍게 생각하기

바란다.

'요약보고'는 말 그대로 핵심내용을 정리하는 보고서 형태로 1페이지 기획서라 할 수 있다. 분량은 1페이지, 길어도 2페이지를 넘기지 않는다. 추가로 필요한 부가자료는 별첨자료로 붙이면 된다.

단 한 페이지의 요약보고서에는 모든 핵심내용이 담겨 있어야 한다. 기획안이나 방침문서를 보고할 시에도 요약보고서는 유용하게 사용된다. 이 요약보고서를 얼마나 잘 쓰느냐가 그 사람의 보고서 실력이기도 하고 업무능력을 갈음하는 잣대가 되기도 한다.

'기획보고'는 기획안, 방침문서, 업무계획, 현황보고 등 일정한 분량 이상을 작성하는 일반적인 정식 보고서를 의미한다.

❸ 보고서 소제목 달기

보고서를 작성할 때 소제목을 미리 정하면 작업이 매우 손쉽다.
나는 보고서 작성과정을 요리에 비유한다. 이 과정을 요리로 빗댄다면 들어갈 재료를 미리 다듬어 정리하는 과정과 같다.

먼저 보고서의 구성요소를 정리해보자.
보고서의 구성요소는 곧 소제목이 될 것이며, 보고서의 뼈대를 이루는 것이다. 논문을 써본 사람이라면 알 것이다. 논문을 작성할 때 연구과제가 결정되고 가장 먼저 하는 일은 목차를 작성하는 것이다.

그렇다. 목차는 곧 소제목의 순서라고 할 수 있다.

그리고 작성한 목차에 맞춰 내용을 채워나가는 과정으로 한 편의 논문이 완성된다. 오죽하면 제대로 된 목차만 완성되면 논문의 70%가 끝난 것이란 말도 있을 정도니까.

보고서 또한 마찬가지다. 요약보고든 기획보고이든 간에 적절하게 소제목을 배치하고 내용을 채워가는 것이다.

· 보고서를 이루는 기본 구성

제 목	보고서의 간판이다. 보고서의 목적과 이루고자 하는 바를 함축적으로 나타낸다.
박스요약	보고서의 목적과 핵심내용을 2줄 이내로 정리한다. 요약보고 시에 주로 사용한다.
목적/배경/개요	비슷한 것 같지만 엄연히 다르다. 적절하게 사용하자. - 목적: 실현하고자 하는 일이나 방향 - 배경: 이일을 하게 된 원인과 필요성 - 개요: 간결하게 추려낸 주요내용
현황	보고하는 안건의 현황이다. 당연히 객관적으로 써야한다.
추진경위	주요업무가 어떻게 진행되었는지를 날짜별로 정리한다.
문제점	보고하는 내용의 확인된 문제점을 적는다.
대책	문제점을 해결하기 위한 구체적인 대책을 적는다.

대안	문제해결을 위한 대안을 제시한다.(2~3개가 일반적)
리스크	예상되는 리스크(장애요인, 위험요소)
추진목표	궁극적으로 이루고자 하는 목표이다.
추진/실행방안	목표를 이루기 위한 실제적인 방안으로 보고의 핵심이다.
기대효과	목표를 이룸으로써 얻을 수 있는 효과를 작성한다.
향후계획(일정)	업무추진을 위한 주요한 일정이다.(5개 이내가 좋다.)
붙임/별첨	보고서에 전부 담을 수 없는 세부적인 사항, 데이터

다음은 실무에 그대로 적용 가능한 요약보고 소제목 형태다.

▲ 요약보고

❶ 기본형	❷ 간략형	❸ 대안제시형
"제 목"	"제 목"	"제 목"
박스요약	박스요약	박스요약
□ 목적/배경/개요	□ 목적/배경/개요	□ 목적/배경/개요
□ 현황	□ 추진경위	□ 현황 및 대책
□ 문제점과 대책	□ 실행방안	
□ 추진방안	(소요예산/과목)	
(소요예산/과목)	□ 향후계획	
□ 향후계획	붙임/별첨자료	

대안제시형 표:

구분	1안	2안
내용		
장점		
단점		
건의		

00한 사유로 0안을 건의

□ 향후계획

붙임/별첨자료

기본형: 붙임/별첨자료

공통으로 들어가는 '박스요약'은 보고서 제목 아래에 별도의 박스를 넣어 보고서의 목적을 간략히 요약한 것이다. 즉, 보고서를 다 읽지 않아도 어떤 취지로 작성된 것인지를 1~2줄로 정리한다.

보고의 성격에 따라 이상의 세 가지 형태 중 하나를 골라 그대로 사용해도 되고 적절히 혼합해서 나만의 보고서를 만들 수도 있다.

'① 기본형'과 '② 간략형'은 소제목만 보아도 이해가 어렵지 않을 것이다. 이 때문에 '③ 대안제시형'에 대해 설명하겠다.

업무를 추진하는 중에는 수많은 현안이 발생하고 해결 과정에 선택의 기로에 놓이게 된다.

이럴 때 현안을 분석하고 정리하여 보고하게 되는데, 이 바닥의 말로 흔히 "어찌하오리까?"라고 한다. 즉, 이런 문제가 있고 현황이 이러하오니 어찌해야 할지 분부를 내려달라는 취지다.

하지만 그렇다고 정말 "어찌하오리까?" 보고서를 들이민다면 보고받는 상사나 보고자나 서로 난감할 뿐이다.

무엇보다 업무에 책임을 진 담당실무자가 대안도 없이 상사에게 책임을 돌린다면 자격이 없는 사람이다.

이럴 때는 현안에 대한 분석과 함께 현실적인 대안을 제시해야 한다. 일반적으로 2~3가지 대안을 표로 정리하여 보고한다.

대안의 내용과 장단점, 참고사항 그리고 담당자로서 판단하는 최적 안을 함께 보고하는 것이다.

그리고 대안을 정리한 표 아래에는 "이러저러한 사유로 경제성이 우수한 '1안'을 건의합니다."와 같이 자신의 의견을 적는다. 또 해당대안 밑에는 '◎'과 같이 최적의 대안이 무엇임을 한눈에 알 수 있도록 표시를 한다.

여기에서 주의할 것은 담당자인 나의 의견은 이러하니 상사인 당신이 최종 판단해달라는 취지이기 때문에 '건의'라는 표현을 쓴 것이다. '요약보고'는 가장 빈번하게 사용하며 활용도가 높은 보고서다. 요약보고서 한 장만 보아도 작성자의 업무능력과 수준을 가늠할 수 있을 정도니까.

업무와 관련한 많은 내용을 단 한 장으로 정리하여 상사를 이해시키고 의사결정을 하게 한다는 것은 그만큼 해당 업무를 제대로 파악하고 있다는 증거이기 때문이다.

또한 많은 내용 중 핵심사항만을 뽑아 정리할 수 있으므로 그만큼 보고서 작성능력이 뛰어나다는 것을 의미하는 것이기도 하다.

물론 핵심내용은 한 장으로 정리했어도 추가적인 데이터나 세부사항을 검토할 필요도 있다. 이럴 때는 '붙임 또는 별첨'으로 해당 자료를 함께 첨부하면 된다.

"모방은 창조의 어머니"라는 말이 있다.

평소 잘 만들어진 요약보고서를 수집해두고 모방하고 재창조하는 습관을 들이자. 이러한 경험과 능력이 쌓여서 분량이 많은 기획보고서도 잘 작성할 수 있게 된다.

<요약보고 양식 예시>

| 報告 | "제 목"(HY헤드라인M 20pt) | 기관로고 |

'20XX. 0. 0(월)   보고자: 능력자(☎7777)

┌───┐
│   "박스요약" ○○○○○ 관련 보고입니다.(돋움 15pt)   │
└───┘

□ 목 적(HY헤드라인 16pt)
ㅇ ○○○○(휴먼명조 15pt)   ※ 줄간격 160%~180%
  - ○○○○(휴먼명조 14pt)
    * ○○○○(중고딕 또는 휴먼고딕 12~13pt)

□ 현 황
ㅇ
ㅇ

□ 문제점 및 대책
ㅇ (문제점) ○○○○○○○○○○○○
ㅇ (대 책) ○○○○○○○○○○○○

□ 추진방안
ㅇ
ㅇ

□ 향후계획
ㅇ 20XX. 7. 7.: ○○○○○○○○○○○○
ㅇ 20XX. 9. 9.: ○○○○○○○○○○○○

◇ 별첨: ○○○○○ 1부. 끝.

다음은 기획보고의 목적에 따른 4가지 소제목 형태다.

▲ 기획보고

❶ 기본형	❷ 간략형
"제 목"	"제 목"
Ⅰ. 배경/목적/개요	Ⅰ. 배경/목적/개요
Ⅱ. 현황 및 문제점, 원인	
Ⅲ. 해결방안(대안)	Ⅱ. 현황 및 문제점
Ⅳ. 추진전략/과제	
Ⅴ. 리스크(장애요인)	Ⅲ. 추진방안(개선대책)
Ⅵ. 실행계획 및 기대효과	
Ⅶ. 향후일정	Ⅳ. 향후일정
붙임/별첨자료	
	붙임/별첨자료

'① 기본형'은 일반적인 기획보고서의 주요 소제목을 정리한 것이다. 물론 사안의 성격과 보고의도에 따라 추가하거나 삭제해도 된다.

'② 간략형'은 최소한의 핵심 기본내용을 주요 소제목으로 정리한 것이다. 기획보고의 전형적인 형태라고 생각하면 된다.

❸ 업무보고형	❹ 분석형
"제 목"	"제 목"
Ⅰ. 일반현황 (인원/조직/업무/예산)	Ⅰ. 배경/목적/개요
Ⅱ. 지난 성과와 반성	Ⅱ. 현황분석 및 문제점
Ⅲ. 0000년도 업무 착안사항	Ⅲ. 개선사항
Ⅳ. 중점 추진계획	Ⅳ. 세부추진방안
Ⅴ. 현안사항	Ⅴ. 향후일정
Ⅵ. 주요 추진일정	
붙임/별첨자료	붙임/별첨자료

'③ 업무보고형'은 신년 업무계획 보고를 중심으로 소제목을 정리한 것이다. 신년 업무계획은 통상적으로 한 해의 성과와 미비점을 되돌아보고 새로운 업무계획을 수립하여 보고하는 것이다. 또한 다양한 업무보고에도 자주 활용하는 형식이다.

'④ 분석형'은 현황분석과 해결방안을 제시하는 보고서다.

이때 단순하게 현황만을 나열한다면 보고서로서의 의미는 없다. 현황분석을 토대로 문제점과 해결방안을 함께 제시해야 제대로 된 보고서가 된다.

그럼 기본형을 기준으로 소제목 배열을 외워보자.

소제목의 주요 앞글자만 따서 다음과 같이 정리해봤다.

> "배 현 문(씨가) 해 전 리(에서) 계(개) 기 일(식을 봤다.)"
> ☞ 배현문씨가 해전리에서 개기일식을 봤다.

'배경', '현황', '문제점', '해결방안', '(추진)전략', '리스크', '계획', '기대효과', '(향후)일정'의 앞글자를 따서 만들었다.

만들어 놓고 찾아보니 '해전리'(전라북도 완주군 삼례읍)라는 실제 지명도 존재한다. 이런 기본골격을 염두에 두고 보고서를 작성한다면 효율성과 효과성을 함께 노릴 수 있으니 꼭 활용해보자.

❹ 소제목별 내용 채우기

자! 이제 뼈대를 세웠으니 살을 붙여나갈 차례다.

보고서의 소제목에 따라 문단을 채워가는 것은 보고서 작성을 위한 본게임이다. 하지만 그 전에 지켜야 할 규칙이 하나 더 있다.

각 문단은 '2줄'을 넘기지 마라.

물론 피치 못하면 3줄까지 갈 수도 있지만 될 수 있는 대로 2줄을 유지하는 것이 좋다. 중앙부처의 업무계획이나 방침문서를 보면 극단적으로 '2줄 규칙'을 지키는 경우를 자주 볼 수 있다.

2줄 규칙이 무슨 법이나 규정에 명시되어서가 아니다. 문장을 간결하게 할 수 있기 때문이다. 2줄 이내 문단은 읽는 사람이 한 호흡에 읽을 수 있는 분량이다. 또한 문장의 불필요한 군살을 빼고 핵심사항을 정리할 수 있다.

중요한 내용이나 핵심문장은 별도로 짙게 표시하거나 글자색을 넣어 강조해준다. 그런데 간혹 거의 모든 문장을 이렇게 표시하는 사람도 있다. 물론 중요한 내용이니까 잘 봐달라는 취지이겠지만, 달리 말하면 교과서의 모든 내용에 형광펜을 칠하는 것과 같은 쓸데없는 짓이다.

보고서의 글자 크기도 고려해야 한다. 본문 기준으로 14~15pt를 사용하는 것이 좋다. 많은 내용을 넣는다고 글자 크기를 작게 하거나 줄 간격, 자간 등을 극단적으로 줄이는 경우도 있는데, 분명히 지양해야 할 점이다. 읽는 사람의 짜증을 불러일으킬 수 있다.

이런 경우는 내 입장만 생각하고 보고받는 사람은 생각하지 않는 것이다. 무엇보다 의사결정을 하는 결재권자의 경우 연세가 지극하신 분들도 많다는 것을 유념하자. 몸은 관리한다 쳐도, 눈이 침침해지는 것은 막을 수 없다. 그렇기 때문에 글자 크기도 충분히 고려해야 한다.

보고서의 퀄리티를 결정하는 가장 큰 요인은 '관점의 차이'라고 했다. 관점의 차이와 함께 '서비스 마인드'를 갖추어야 한다.

반복해서 말하지만, 내 보고서를 읽는 상사는 나의 고객이다.

❺ 내용 검토(목적/결론/오타)

자! 이제 우여곡절 끝에 보고서의 내용이 다 채워졌다. 그럼 최종적으로 보고서를 검토할 차례이다.

먼저 보고서의 핵심인 '목적과 결론'이 분명한지를 재차 확인해 본다. 보고받는 상사가 "그래서 어쩌자는 것이냐?"라고 되묻게 만들면 안 되기 때문이다. 그리고 오타를 꼼꼼히 살펴보자. 이상하게도 그렇게 열심히 찾을 때는 보이지 않던 오타가 상사에게 결재판을 들이민 순간에 보이는 경우가 허다하다.

"악마는 디테일에 있다."는 말이 있다.

좋은 물건도 작은 흠집 하나로 가치가 떨어진다. 이처럼 오타는 보고서의 값어치를 떨어뜨리므로 항상 유념하자.

또 알다시피 오타는 작성자의 눈에는 잘 보이지 않는 특징이 있다. 만일 중요한 보고서라면 믿을 만한 동료에게 확인해달라는 것도 방법이다. 아니면 머리를 잠시 식히고 와서 다시 보는 것도 큰 도움이 된다.

❻ 체크리스트에 따른 최종 검토

· 이리보고, 저리보고 '최종 체크리스트'

자! 진정한 능력자라면 그래도 다시 한번 체크하자.

기계를 점검할 때도 미리 작성한 체크리스트를 통해 점검해야 놓치는 부분이 생기지 않는다. 체크리스트는 업무의 문제점과 주요 공정을 확인할 수 있는 효과적이고 가장 흔하게 사용하는 방법이다.

이것은 보고서에서도 마찬가지다. 사람은 같은 실수를 반복한다고 하지 않던가? 그래서 나는 7가지 최종 체크리스트를 만들어 모니터에 붙여놓고 활용한다. 내가 자주 하는 실수를 정리한 것이다.

간단하지만 정말 효과적인 방법이다.

자신의 스타일에 맞춰 나만의 체크리스트를 만들어 활용하기 바란다.

· 최종 체크리스트

하나, 조사가 빠졌거나 잘못되지 않았나?

☞ 정말 빈번한 실수다. 잘못된 조사는 문장을 엉성하게 만든다.

둘, 숫자, 합계는 정확한가?

☞ 모든 숫자, 특히 합계의 이상 유무를 반드시 확인하라!

셋, 연도, 날짜, 시간, 요일은 정확한가?

☞ 가령 2024년인데 2023년으로 표기한다든지, 시간을 잘못 표기하거나 달력을 잘못 봐서 요일을 잘못 기입하는 경우도 있다. 실수는 언제나 작은 곳에 숨어있는 법이다.

넷, 폰트는 일정한가?

☞ 같은 문장에서 폰트나 크기가 다른 경우가 많다. 여러 자료를 취합하는 경우에 발생하는데 보고서의 격을 떨어뜨리는 실수다.

다섯, 괄호, 별표 등이 빠진 곳이 없고 일관성이 유지되었나?

☞ 부연설명을 위해 넣은 괄호나 별표 등이 빠지거나 일관성이 없으면 이상하게 눈길을 끈다. 대개 작성한 사람은 모르지만 읽는 이는 금방 알아차린다. 이런 실수는 보고서 전체가 성의 없게 느껴진다.

여섯, 불필요하거나 중복된 수식어, 문장이 있는가?

☞ 우리가 추구해야 하는 문장의 간결함을 위한 것이다. 말이 쉽지 가장 어려운 과정이기도 하다. 사람도 군살이 빠져야 몸매가 돋보이듯 쓸데없는 글의 군살을 빼야 보고서가 살아난다. 이는 보고서뿐 아니라 모든 글쓰기가 추구해야 한다.

일곱, 관련 근거는 직접 확인했는가?

☞ 정말 중요하며, 실무에서 가장 빈번한 실수이기도 하다.

보고서에 관련 근거를 기재할 때 이전 자료만 보거나, 다른 사람이 작성한 것을 그대로 인용하는 경우가 많다. 그런데 관련 근거의 인용 자체가 잘못되었거나, 그 사이 내용이 바뀌었다거나 심지어는 없어진 경우도 있다. 또는 다른 사람이 자기 나름대로 요약해서 정리한 것을 원문인 줄 알고 그대로 썼다가 핵심내용을 빼먹는 경우도 생긴다.

이런 실수는 의외로 많으며, 자칫 잘못된 근거에 따라 그릇된 의사결정을 하게 될 수도 있으니 유의해야 한다. 관련 근거는 반드시 최신버전으로 직접 확인하는 습관을 갖자.

또한 같은 제목이라 해도 표현 방식에 따라 의미 있고 임팩트 있는 메시지가 될 수 있다. 무미건조한 사실만을 전달하는 제목 대신 메시지와 핵심이 담긴 멋진 제목을 만들기 위해 고민하는 습관을 갖길 바란다. 다음의 예시를 참고하면 도움이 될 것이다.

경영진의 현장관리 참여율 제고	⇨	경영진이 앞장서고 책임지는 '현장관리 해결사'
부서 평가지표 개선	⇨	도전지표 도입으로 만연된 '부서 매너리즘 해소'
고객 VOC 관리 개선	⇨	'고객 불만의 선제 대응'으로 관리체계 고도화
신입직원 채용 절차 개선	⇨	맞춤형 채용시스템으로 '미래 우수 인재' 확보
간부 대상 갑질 교육 시행	⇨	No 甲질! 간부직의 갑질 인식개선 교육
안전 모니터링 강화	⇨	예방형 안전관리로 '안전 사각지대 Zero'
의무 연차 사용 촉진	⇨	맘 편한 연차 사용 "20억 원/年" 인건비 절감

보고서를 빛내는
소소한 테크닉

1) 잘 뽑은 제목 하나, 열 설명 안 부럽다

내가 초등학교(당시 국민학교)를 다녔던 1980년대는 구호의 시
대였다. 반공방첩, 불조심, 산아제한 등등 심심하면 각종 궐기대회
가 벌어졌고, 하루가 멀다고 별별 구호와 포스터 만들기 대회가 열
렸다. 가장 많은 미술 숙제가 이런 구호를 적은 포스터를 그려오는
것이었다.

그래서일까? 입에 짝짝 붙는 기발한 구호가 정말 많았다. 지금
도 종종 사용하는 "자수하여 광명 찾자"도 있었고 인구감소의 원
흉이 된 산아제한정책 홍보를 위한 "둘만 낳아 잘 기르자", 지금은
열 아들이 부러운 사람은 어디에도 없겠지만 "잘 키운 딸 하나, 열
아들 안 부럽다"는 당시의 대표적인 구호였다.

나는 이러한 구호를 보고서 작성과 연관 지어서 다음과 같이 바꿔보고 싶다.

"잘 뽑은 제목 하나, 열 설명 안 부럽다."

언론사가 헤드라인 제목에 집착하는 이유는 무엇인가?

우리가 인터넷 기사를 접할 때 흔히 낚였다는 것도 내용을 보기 전에 제목에 관심을 두기 때문이다. 똑같은 책인데도 잘 팔리지도 않던 책이 제목만 바꿔서 베스트셀러가 되는 경우도 있다. 이처럼 제목의 중요성과 효과는 더할 나위 없다. 그렇다고 보고서에 자극적인 제목을 달아 일단 낚고 보자는 뜻이 아님을 알 것이다.

보고서의 제목은 '본문의 내용을 함축'하고 있어야 한다.

즉, 제목만 읽어도 핵심내용과 전체적인 그림이 그려져야 한다는 뜻이다. 물론 제목이 간결하고 임팩트 있으면 좋겠지만, 두 가지를 모두 충족시키기는 어렵다. 그래서 보고서 제목을 꾸며주고 보완하기 위해 '부제목'을 추가하는 방법을 쓴다.

다음 예시를 보자.

본래 제목은 《노사공동 체육대회 시행(안)》이라는 다소 딱딱한 느낌의 소재였다. 하지만 '지나온 30년, 나아갈 百年, 함께 손잡은 미래'라는 부제목을 넣어 보고서의 의미를 더욱 살리고 임팩트를 주었다.

〈예시〉 ――― "지나온 30년, 나아갈 百年, 함께 손잡은 미래" ## 노사공동 체육대회 시행(안) ――― 20XX. 10.

제목만 적었을 때는 무미건조했던 것이 부제목을 사용함으로써 한결 산뜻해지고 보고서의 본질적인 취지도 잘 살릴 수 있었다.

2) 표, 도표, 그래프, 그림의 적절한 활용

당신의 보고서를 읽을 상사는 바쁜 사람들이다. 하루에도 수많은 보고를 받으며 시간에 쫓기는 경우가 대부분이다. 어중간한 보고서는 그 나물에 그 밥인 장황한 아무 말 대잔치로 보일 수 있다.

이럴 때 잘 활용한 표, 도표, 그래프, 그림은 보고서를 간결하게 하고 핵심내용을 살린다. 긴 문장보다 핵심을 담은 그래프 하나, 그림 한 장이 수십 배는 더 효과적일 수 있다. 그렇다고 무작정 보고서를 표와 그림으로 덮어버리면 그것은 그림책이 되어 버릴 것이다.

이를 위해 적절한 감각을 길러야 한다. 기관의 경영평가보고서를 참고해보자. 매년 실행하는 경영평가의 결과는 임직원의 인센티브와 직결되고 기관의 성적표와도 같은 것이므로, 모든 공공기관이 열과 성을 다해 경영평가보고서를 작성한다.

경영평가보고서는 제한된 분량에 최대한 임팩트 있고 차별화된 성과를 담기 위해 각종 표, 도표, 그래프, 그림을 잘 활용한다.

또한 분야별 에이스 또는 준 에이스급 직원들을 모아서 따로 훈련시키고 수많은 교정과 검토를 반복해서 만들어내기 때문에 참고하기에 좋은 교재라고 할 수 있다.

읽어보는 것만으로도 해당 기관의 전체적인 업무 현황과 핵심 성과를 파악할 수 있어 일석이조다.

그리고 대기업의 보고서나 제안서를 찾아보는 것도 큰 공부가 된다. 아무래도 형식에서 자유롭고 전문 디자이너들이 동원되다 보니 세련되었다. 무엇보다 고객을 염두에 두기 때문에 각종 그래픽을 활용하여 직관적으로 이해하기 쉽게 쓴다.

이에 대해 조금만 더 알아보겠다. 다음의 예시를 한번 살펴보자.

▲ 표의 위력! 같은 내용임에도 뭔가 있어 보인다.

■ ESG 관련 탄소중립 실현과 코로나19 극복을 위한 사업투자 확대

1. 상반기 조기배정
 - (추진목표) 효과적 상반기 조기집행을 위한 사업비 조기배정 시행
 - (실행과제) 사업별 월별 집행계획 수립

2. 투자율 향상추진
 - (추진목표) 소속별·사업별 연간투자 목표 수립, 특별관리 대상사업 선정
 - (실행과제) AI신기술 개발 투자 및 사내 스타트업 지원확대

3. 모니터링
 - (추진목표) 투자 점검회의 등을 통한 집행현황 모니터링
 - (실행과제) 신규사업 등 다양한 추가 투자요소 발굴

4. 점검 및 환류
 - (추진목표) 투자성과 보고 등 성과점검과 환류 지속추진
 - (실행과제) 투자성과 점검·환류

■ ESG 관련 탄소중립 실현과 코로나19 극복을 위한 사업투자 확대

상반기 조기배정	투자율 향상추진	모니터링	점검 및 환류
• 효과적 상반기 조기 집행을 위한 사업비 조기배정 시행	• 소속별, 사업별 연간투자 목표 수립 • 특별관리 대상사업 지정	• 투자 점검회의 등을 통한 집행현황 모니터링 • 신규사업 등 다양한 추가 투자 요소 발굴	• 투자성과 보고 등 성과 점검과 환류 지속추진
➪사업별 월별 집행 계획 수립	➪AI신기술 개발 투자 및 사내 스타트업 지원확대	➪지속 모니터링을 통한 현황 파악과 대책 마련	➪투자성과 점검·환류

▲ 도표/그래프의 위력! 같은 내용도 멋지게 보인다.

■ 안정적 사업투자를 위한 재원 확보로 전년 대비 상향된 성과 창출

1. 완료사업
 가. 추진 노력
  - 완료예정사업의 차질 없는 완수를 위해 적정한 소요 예산확보 노력
 나. 추진 성과
  - ○○시 교통허브 구축 등 완료 예정 9개 사업 소요예산 4,551억원 확보
  ※ 전년대비 23.2% 증가

2. 안전예산
 가. 추진 노력
  - 노후 시설의 스마트개량과 안정적인 유지보수를 위한 투자 확대 노력
 나. 추진 성과
  - 안전 및 운영예산 2.5조원 확보
  ※ 전년대비 26.9% 증가

3. 4차 산업기술대응
 가. 추진 노력
  - 4차 산업혁명기술에 기반한 관련 기술 투자 확대
 나. 추진 성과
  - 스마트 시설관리시스템 도입, AI시스템 도입 145억원 투자
  ※ 전년대비 220% 증가

구 분	추진 노력	추진 성과	
완료사업	• 완료예정사업의 차질 없는 완수를 위해 적정한 소요 예산확보 노력	• ○○시 교통허브 구축 등 완료 예정 9개 사업 소요 예산 4,551억원 확보(전년↑23.2%)	23.2% 상승 / 3,694억원 '21년 / 4,551억원 '22년
안전예산	• 노후 시설의 스마트 개량과 안정적인 유지보수를 위한 투자 확대 노력	• 안전 및 운영예산 2.5조원 확보 (전년↑26.9%)	26.9% 상승 / 1.8조원 '21년 / 2.5조원 '22년
4차 산업 기술대응	• 4차 산업혁명기술에 기반한 관련 기술 투자 확대	• 스마트 시설관리시스템 도입, AI시스템 도입 145억원 투자 (전년↑220%)	220% 상승 / 66억원 '21년 / 145억원 '22년

■ 안정적 사업투자를 위한 재원 확보로 전년 대비 상향된 성과 창출

　　각각 위아래는 같은 내용이다. 하지만 그것을 문장으로만 표현했을 때와 표, 도표, 그래프 등을 활용했을 때가 완전히 달라 보이는 것을 알 수 있다. 문장만 사용했을 때는 무미건조해 보이던 내용이 훨씬 간결하고 강조하고 싶은 핵심 사항이 입체적으로 잘 보인다.

　　이럴 때 쓰는 템플릿 양식은 조금만 관심을 두면 쉽게 구할 수 있다. 나는 다른 사람들이 작성한 보고서 등에서 좋은 자료를 보면 따로 수집해서 하나의 파일에 모아놓고 사용한다. 또 그것들을 활용해 나만의 독창적인 템플릿을 만들기도 한다.

　　엑셀과 파워포인트를 활용하면 한글에서도 사용할 수 있는 다양한 도표, 그래프 등을 직접 만들어 쓸 수도 있다. 나의 경우에 그래프는 주로 엑셀을 사용하고 표나, 도표는 파워포인트를 사용해서 쓴다. 그리고 잘 기억하자! "보기 좋은 떡이 먹기에도 좋다."

3) 내용은 틀려도 덧셈, 뺄셈이 틀리면 안 된다

여기 깨끗한 유리잔에 담긴 프랑스산 고급 에비앙 생수가 한잔 있다. 그런데 여기에 김칫국물을 한 수저 붓는다면, 이것은 여전히 맑은 생수일까? 김칫국물일까? 아무리 공들이고 잘 쓴 보고서라 해도 사소한 실수 하나로 보고서 자체의 신뢰를 잃어버리는 경우가 있다.

바로 '숫자'에 관한 것이다.

앞에서 체크리스트를 설명하며 강조했던 내용이다. 같은 내용을 또다시 반복하는 것은 그만큼 중요하고 실수도 잦기 때문이다.

보고서에 숫자를 기입하는 경우는 자주 있다. 보통은 예산이나 통계에 관한 것이다. 보고서에 실리는 예산이나 통계 숫자가 틀렸다면 그 보고서는 이미 의미와 가치를 상실한 것일 수 있다. 하지만 그렇게 주의를 하는데도 실수가 빈번하게 생긴다. 표에 수식을 넣기도 하고 일일이 계산기를 두들겨가며 확인을 하지만 엉뚱하게도 총계의 덧셈, 뺄셈이 틀려버리는 경우들이 있다.

이 때문에 숫자가 들어가는 모든 항목은 습관적으로 덧셈, 뺄셈을 재차 확인해야 한다. 수식을 걸었지만 수식에 오류가 있거나 열심히 두들긴 계산 결과를 잘못 기입하는 것도 자주 나오는 실수다. 이런 작은 실수 한 두 개가 맑은 생수 같던 나의 보고서를 김칫국물이나 먹물로 만들어버리는 것이다.

5.
문서 작성의
실례(Before&After)

여기까지 잘 따라왔다. 나는 될 수 있는 대로 표본화된 예시를 최소화하려 한다. 보고서 작성을 다룬 책 중에는 아예 여러 가지 실제 보고서들을 그대로 가져다 담은 것도 있다. 물론 그런 것이 사람에 따라 큰 도움이 될 수도 있다.

그러나 내가 추구하는 것은 단순히 따라하기가 아니다. 진짜 실력을 기르는 것이다. 그 실력은 내가 지속해서 강조하는 마인드와 관점의 변화, 그리고 소소한 양념 같은 기술들로 구현할 수 있다.

또한 공무원이든 공공기관이든 조직 내부적으로 사용하는 기본 양식이나 선호하는 형식이 있다. 이 때문에 우선적으로는 그런 것들을 참고해야 한다. 무엇보다 보고서도 생물처럼 시간이 갈수록 변화하고 스타일도 발전하므로 이것저것 예시만을 보여주는 것은 본래 취지와 관계없이 변화를 반영하지 못하고 고착화할 우려가 있다고 생각한다.

그래서 나는 기존의 보고서를 어떻게 새롭게 해석하고 변화를 주었는지 실제 사례를 보여주려 한다. 내가 기존의 형식으로 소개한 보고서가 잘못된 것은 아니다. 오히려 일반적으로 통용되는 전형적인 형식을 갖춘 보고서 스타일이다.

다만 남들 하는 대로만 따라가면 발전이 없다. 같은 내용이라고 해도 항상 새롭고 신선한 변화를 시도해야 한다. 같은 방식으로 일을 하고 더 나아지거나 새로운 결과를 기대하는 것은 말도 안 된다.

다음의 예시를 한번 보자.

실제 실무에서 사용한 업무계획 보고서다. 편의상 적절한 범위에서 불필요한 내용은 각색했고 기본적인 형식은 그대로 유지했다.

예시 보고서의 내용은 업무계획 서두에 기본적으로 들어가는 일반현황에 관한 것이다.

'조직도와 인원·조직 현황, 부서별 핵심 담당업무'에 대한 내용이 잘 정리되어 있다. 사실 문제 될 것도 없고, 필요한 내용도 거의 다 들어 있다. 보고서의 형식 자체도 매우 익숙한 구성이다. 하지만 변화를 주지 못하면 능력자라 할 수 없다.

Ⅰ. 일반 현황

① 인원 · 조직
- 조 직 : 4처, 13부
- 인 원 : 정원 105명 / 현원 101명

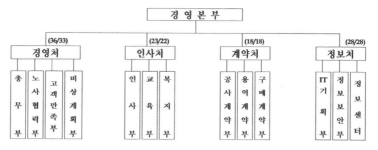

② 주요 임무 · 기능
- 의전, 행사, 청사관리 및 사회공헌
- 노사문화 정립, 임단협 및 노사협의회 등
- 고객만족경영, 민원 및 콜센터 운영
- 비상대비 및 중요시설 방호
- 신규채용, 승진, 전보 등 인사관리
- 중장기 인재육성 및 연간 교육훈련계획 수립
- 역량향상 등 교육과정 개발 및 운영
- 임직원 보수 및 후생복지
- 공사, 용역, 구매 계약체결 및 계약관리업무
- 정보화계획, 정보보안, ERP, 전산실 운영
- 산업정보센터 운영, 기록물 관리

□ 부서 개요

◇ 조직·인원
○ 조직: 4처 12부
○ 정원 106 / 현원 103(△3)

◇ 주요 업무
○ 의전, 행사 총괄
○ 청사관리 및 사회공헌 총괄
○ 노사관계 업무 총괄
○ 고객만족, 민원·콜센터운영
○ 비상대비 업무
○ 채용, 승진, 전보 등 인사관리
○ 임직원 보수 및 후생복지
○ 공사·용역·구매 계약관리
○ 정보화계획, 정보화 보안
○ ERP 및 전산실 운영
○ 정보센터운영 및 기록물관리

◇ 핵심 가치
△△人을 위한
"Good helper"

□ 조직도

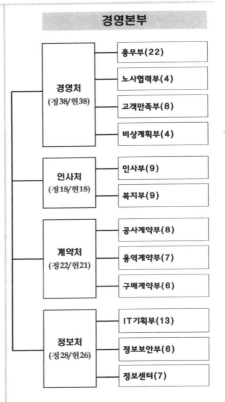

경영본부

- 경영처 (정38/현38)
  - 총무부(22)
  - 노사협력부(4)
  - 고객만족부(8)
  - 비상계획부(4)
- 인사처 (정18/현18)
  - 인사부(9)
  - 복지부(9)
- 계약처 (정22/현21)
  - 공사계약부(8)
  - 용역계약부(7)
  - 구매계약부(6)
- 정보처 (정28/현26)
  - IT기획부(13)
  - 정보보안부(6)
  - 정보센터(7)

앞의 예시는 조직도와 주요 업무가 상하로 구분되어 있다. 이것 때문에 조직도와 주요 업무를 위아래로 시선을 옮기며 봐야 한다. 나는 이것을 좌우로 페이지를 분할하여 구분했다. 이를 통해 두 가지 정보가 한눈에 들어올 수 있게 만들었다.

또 폰트도 새로운 것을 적용했다. 보고서에 쓰는 기본폰트는 휴먼명조체이고 표 안에 들어가는 내용은 중고딕체를 주로 사용한다. 여기에 좀 더 눈에 띄고 산뜻한 느낌을 주기 위해 '한컴윤고딕체'를 일부 사용했다.

그리고 부서의 특징과 추구하는 업무 방향을 담은 '핵심가치'를 추가해서 부서업무에 대한 이해를 도왔다. 지원부서 성격이 강한 곳이라 'Good helper(훌륭한 도우미)'라는 용어를 만들어 사용했다. 그리고 적절한 여백과 파란 계열의 밝은색을 넣어서 전체적으로 깔끔한 분위기를 만들었다.

매년 부서별로 하는 업무계획 보고는 보통 하던 대로 하지만, 가끔 보고서 능력의 간접적인 경연의 장이 되기도 한다. 그래서 변화가 필요하다. 진정한 변화는 기존 방식에서 작은 것이라도 문제점을 찾고 새로운 시도를 하는 것에 있다.

이어서 다음을 보자. 신년도 업무계획에는 의례적으로 전년도의 성과를 적는다. 다음 예시는 앞의 보고서의 일부로 전형적인 형식으로 구성되어 있다.

Ⅱ. 20△△년도 주요 성과

---

1 **대내외 지원활동의 수행**

○ **조직문화 활성화를 위한 근무환경 개선**

- 다양한 프로그램 등을 활용한 **조직문화 활성화의 장** 시행

- 임직원의 지역본부 출장시 업무처리 불편해소를 위해 전사적 Smart Work Place 확대·운영

○ **사회공헌활동의 추진 성과를 인정받아 대외 수상**

- 아동복지 발전에 기여한 공로로 **보건복지부 장관 표창**

- 대한민국 봉사 대상, 아름다운 대한국인상 수상

○ **상생과 협력의 노사관계 구축**

- 각종 제도 개선을 위해 **노사공동위원회 구성·운영**
  * 성과평가제도 개선, 일·가정양립을 위한 복무제도 개선, 당직근무 개선 등

- 어린이집 운영 개선, 공단 자체연수원 건립 등 공단 현안 협의(4회)

○ **민원 관리체계 강화로 공정·신속 민원처리**

- 기피민원 처리절차 마련, 모니터링·분석·환류로 처리기간 단축 노력
- 갈등예상민원 단계별 경보 발령(15회)

○ **방호원 정규직 전환에 따른 관리기준 마련**

- 방호업무의 체계적인 운영을 위한 방호관리지침 제정
- 중요시설 방호원 복제 운영기준 수립 등

그리고 다음은 동일한 내용이지만 기존 형식을 새롭게 바꾼 것이다.

Ⅱ 지난 성과와 반성

1 20△△년의 주요성과

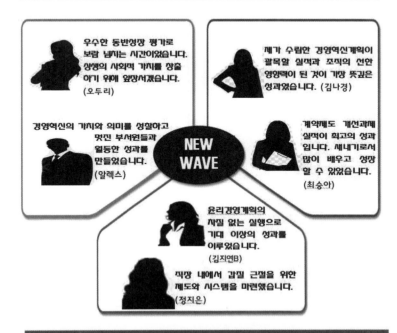

우수한 동반성장 평가로
보람 넘치는 시간이었습니다.
상생의 사회적 가치를 창출
하기 위해 앞장서겠습니다.
(오두리)

제가 수립한 경영혁신계획이
괄목할 실적과 조직의 선한
영향력이 된 것이 가장 뜻깊은
성과였습니다. (김나경)

경영혁신의 가치와 의미를 성찰하고
멋진 부서원들과
협동한 성과를
만들었습니다.
(알렉스)

NEW
WAVE

계약제도 개선과제
실적이 최고의 성과
입니다. 새내기로서
많이 배우고 성장
할 수 있었습니다.
(최승아)

윤리경영계획의
차질 없는 실행으로
기대 이상의 성과를
이루었습니다.
(김지연B)

직장 내에서 갑질 근절을 위한
제도와 시스템을 마련했습니다.
(정지은)

변화와 혁신의 NEW WAVE

하나를 위한 모두! 모두를 위해 하나 된 팀!
최고의 부서, 최고의 팀원들과 함께한 최고의 한해였습니다.
*개척자 정신의 선구자*로서 변화와 혁신의 새로운 물결을 불러
일으키고 새로운 장을 여는 멋진 성과를 창출하겠습니다.

초상권과 개인정보 때문에 그림자와 가명으로 대체했지만, 본
래는 주요 성과별로 공로가 컸던 담당자들의 사진을 넣었다. 한 해
동안 고생한 직원들을 경영진과 사내에 홍보하는 효과도 노린 것

이다.

전년도 업무성과를 단순하게 나열하지 않고 새로운 구성으로 꾸몄다. 한눈에 대표적인 한 해의 성과를 보여주면서 부서가 추구하는 궁극적인 업무 가치를 나타냈다.

또 기존의 보고서가 의례적으로 성과와 반성만 다루고 끝나는 점이 아쉬웠다. 성과와 반성이 있다면 이것을 통해 개선하고 새롭게 얻는 것도 있어야 할 것이 아닌가? 설령 그것이 그저 계획에만 그치더라도 말이다.

그래서 성과와 반성의 결과를 착안 사항으로 발전시켜서 정리했다. 여기에서 포인트는 업무역량을 도식화한 두 개의 그래프이다. 부서의 업무 특성을 감안하고 중요한 업무역량 요소를 구분하여 역량의 정도를 나타낸 것이다.

물론 내용은 수치로 나오기 어려운 정성적인 성격이다. 하지만 숫자로 표현될 수 없다면 설명은 극히 어려운 법이다.

비록 정성적인 부분이라고 하더라도 적절히만 표현하면 정량적인 것처럼 나타낼 수 있다. 그래서 업무역량을 '창의성, 효과성, 효율성, 적기성, 니즈파악'의 5가지로 분석하여 현재의 수준과 비교하여 도식화했다.

1　관점의 변화를 통한 지원업무의 효과성 제고

□ **직원니즈, 수혜자의 관점에 입각한 업무추진**

    ㅇ 그간 경영본부의 **각종업무가 주관부서 관점에서 추진**되어 직원들의
        실질적인 니즈와 수혜자의 필요성을 만족시키지 못하는 한계 발생

    ㅇ **관점변화를 통한 실질적 니즈와 요구사항 파악**으로 수혜자 중심의
        업무추진으로 **방향의 대전환 시행**

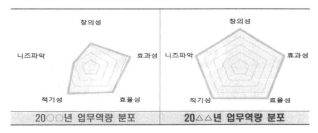

2　사회적 가치 中心의 선도적 역할 강화

□ **사회적 가치를 높이는 성실하고 선도적인 역할 수행**

    ㅇ **사회공헌활동의 고도화**를 통한 **양적ㆍ질적 수혜확대**
    ㅇ **선진계약제도의 이상 없는 추진**을 투명ㆍ공정 계약생태계 확립
    ㅇ **대국민 정보서비스 개방**과 활용촉진을 통한 사업화 기여
    ㅇ 지속적인 고용창출을 통한 **청년층 좋은 일자리 창출**에 일조

지금까지 보았듯이 비슷한 내용이라고 해도 구성과 구조를 어
떻게 하느냐에 따라서 전혀 다른 보고서로 보일 수 있다.

다음으로는 문장과 표현방식에 대해 살펴보고자 한다.

아래 문장은 실제 보고서의 일부 내용을 발췌한 것이다. 한번 읽어보자.

□ 운영방식 및 향후 계획

ㅇ '22년도 11월 30일자로 계약 체결된 펀드는 투자자별 약정비율에 계약서에 명시된 연도별 투자 금액을 납입하여야 함

- 총 매입약정 금액 333억원 중 '22년 33.3억, 2023년 49.95억을 납입 완료(현재까지 총 납입 금액 83.25억원, 잔여 249.75억 원)

ㅇ 펀드운용사 선정 및 제안형 펀드 설정이 완료되었으나, 예상치 못한 Covid-19 팬데믹 사태로 특정 투자처를 찾지 못한 상태로 펀드운용사에서 적합한 투자 사업을 모색 중으로 '24.1분기부터 본격적인 투자가 진행될 것으로 예상됨

읽어보니 어떠한가? 무슨 내용인지 쉽게 이해했는지 모르겠다.

이 보고서는 해당 업무를 잘 아는 사람이 작성했다. 그럼에도 무언가 산만하고 무슨 내용인지 고개를 갸우뚱하게 했을 것이다.

그럼 이 보고서의 문제점을 하나씩 짚어보고 개선해보도록 하자.

문제점1. 대제목과 소제목의 분리가 안 됨

대제목을 '운영방식 및 향후 계획'이라고 했다.

내용은 크게 '펀드의 운영방식, 투자지연 사유 및 대책, 향후 계획'의 세 가지로 구분할 수 있다. 그러나 모든 내용을 뭉뚱그려 놓아서 정보의 구분이 잘 안 된다. 먼저 대제목 아래 소제목을 분류해서 정보를 명확하게 구분하는 것이 좋다.

대제목을 '운영방식 및 향후 계획'이라고 했다고 해서 소제목도 그대로 '운영방식', '향후 계획'으로 따라 하는 것보다는 제목에 조금 더 살을 붙여서 보완해보자. 그러면 다음과 같이 정리할 수 있다.

[개선 사례1]

〔당초〕

□ 운영방식 및 향후 계획

　ο '22년도 △△△△△

　- 총 매입약정 ○○○○○

　ο 펀드운용사 △△△△△

➡

〔개선〕

□ 운영방식 및 향후 계획

　① 펀드의 운영방식

　　ο '22년도 △△△△△

　　- 총 매입약정 ○○○○

　② 투자지연 사유 및 대책

　　ο △△△△△

　③ 향후 계획 및 세부일정

　　ο △△△△△

문제점2. 간결하지 못한 문단과 불필요한 중복 표현

보고서 문구는 기본적으로 단문 형태를 가져야 한다. 앞에서 각 문단은 2줄 이내로 핵심을 담아야 한다고 강조했다. 하지만 이 보고서 문단은 사실상 4줄 분량으로 길이가 너무 길다. 단락이 3줄이 넘어가면 읽기에도 짜증 난다. 그리고 어떤 말을 하려는지, 무엇이 핵심인지? 쉽게 감이 쉽게 오지 않는다. 다음과 같이 작성했다면 훨씬 간결했을 것이다.

[개선 사례2]

[당초]
□ 운영방식 및 향후 계획
ㅇ '22년도 11월 30일자로 계약 체결된 펀드는 투자자별 약정비율에 계약서에 명시된 연도별 투자 금액을 납입하여야 함
- 총 매입약정 금액 333억원 중 '22년 33.3억, 2023년 49.95억을 납입 완료(현재까지 총납입금액 83.25억원, 잔여 249.75억원)

[개선]
□ 운영방식 및 향후 계획
① 펀드의 운영방식
ㅇ 펀드(2022. 11. 30. 계약)는 투자약정비율에 따라 연도별 투자금액을 납입
ㅇ 총 약정 333억 원 중 2023년 현재, 총 8,325백만 원 납입
　• 2022년: 3,330백만 원, 2023년 4,995백만 원

또 다음 단락을 보자. 역시 문단길이가 4줄이나 된다.

그리고 한 문단 안에 정보의 분리가 이루어지지 않았다. 즉, '운영방식 및 향후 계획'이라는 대제목을 본다면 이 부분은 '향후 계획'이 나와야 할 텐데 향후 계획에 대한 정보는 찾아보기 어렵다.

그리고 "예상치 못한 COVID-19 팬데믹 사태로….''라는 표현이 눈에 띈다. 2019년부터 전 세계를 덮친 코로나 19(COVID-19)는 지구인 모두가 예상치 못한 것이다.

그런 것을 굳이 '예상치 못한'이라는 불필요한 수식어를 붙일 필요가 없다. 그리고 모든 단어의 선택은 익숙한 것을 사용해야 한다.

물론 세계보건기구 WHO가 명명한 정식명칭이 'COVID-19'라는 것은 누구나 알고 있다. 하지만 우리에게는 '코로나 19' 또는 '코로나'라는 표현이 익숙하다.

유명한 팝가수 '마돈나(Madonna)'의 원어민 발음이 '머다나'라고 해서 '머다나'라고 적지 않고 우리에게 익숙한 '마돈나'라고 하는 것과 비슷한 이치다.

그리고 뒤에 이은 '팬데믹 사태'라는 표현도 불필요한 중복이다. 코로나 19라는 단어 하나로 모든 것이 설명되는데, WHO의 감염병 최고등급을 의미하는 '팬데믹(Pandamic)'이란 단어를 붙인 것은 필요 없는 사족에 불과하다,

이상을 참고하여 다음과 같이 바꿔보자.

[개선 사례3]

[당초]

  ○ 펀드운용사 선정 및 제안형 펀드 설정이 완료되었으나, 예상치 못한 Covid-19 팬데믹 사태로 특정 투자처를 찾지 못한 상태로 펀드운용사에서 적합한 투자 사업을 모색 중으로 '24.1분기부터 본격적인 투자가 진행될 것으로 예상됨

[개선]

  ② 투자지연 사유 및 대책

    ○ 코로나19로 인해 적합한 투자사업 발굴 지연

    ○ 펀드운용사 및 제안형펀드 선정완료, 투자처 지속 모색 중

  ③ 향후 계획 및 세부일정

    ○ 현재 펀드운용사 주관으로 적합투자사업 검토 중

    ○ 2023. 12~2024. 3: 투자사업 최종확정 및 제반업무 추진

    ○ 2024. 4: 투자처 투자금액 납입 및 사업투자 본격 시행

문제점3. 일관성 없는 연도, 단위 표시와 표기방법 오류까지

다시 [개선 사례2]로 돌아가 보자. 문단 외에 무엇이 또 달라졌

는지 눈치챘는가? 원래의 보고서는 연도, 금액의 표시에 일관성이 없고 기본적인 표기 규칙에도 맞지 않았다.

'22년이라고 약어로 연도를 표기했다가 2023년으로도 표기하는 등 일관성이 없다. 기본적으로 연도는 약어표현을 하지 않는 것이 좋다. 또 '22년도, '22년 식으로 그 나마 연도표시도 제 각각이다.

똑같은 것 아니냐고? 분명히 다르다!

기본적으로 년과 년도의 의미는 같으나 '년'은 '해를 세는 단위'를 뜻하는 것이고 '년도'는 일정한 기간의 단위로서 그해를 의미한다.

즉, 보고서의 내용은 의미상 투자금액을 납부한 기간의 단위이므로, 이상을 종합하면 '2022년도, 2023년도'라고 표현했어야 한다. 덧붙이면 앞에서 다루었듯이 연도와 날짜를 표시할 때는 연, 월, 일을 빼고 '2022.∨11.∨30.'처럼 사이를 한 칸씩 띄어주는 것이 원칙이다.

또한 금액에는 반드시 화폐단위를 적어줘야 한다. 하지만 이 보고서는 '333억원, 33.3억'식으로 화폐단위 표기의 일관성이 없다.

참고로 금액을 표기할 때 사용하는 기본적인 단위는 '원, 천 원, 백만 원, 억 원'이다.

애초 금액을 '억 원' 단위로 표현했는데, 문제는 '억 원' 단위로 끝나는 금액이었으면 상관없겠지만, '백만 원' 단위까지 표현하려 했던 것 같다. 그래서 소수점을 써서 33.3억 원, 49.95억 원이라고 표기했는데 이것 또한 잘못된 것이다.

소수점으로 표현해버리면 읽는 사람이 금액을 전혀 다르게 오인할 수 있다. 33.333억 원을 3조3,333억 원으로 착각할 수도 있는 것이다. 그래서 나는 금액을 '백만 원' 단위로 통일하여 표기했다.

그리고 굳이 소수점으로 표현을 하고 싶었다면 소수점의 자리수를 맞춰서 '33.30억 원, 49.95억 원'으로 일관성 있게 표현했어야 한다. 또 단위 표기법에도 오류가 있다. 즉 '33억원'은 '33억∨원'으로 숫자 단위와 화폐단위 사이를 띄어 써야 표기 규칙에 맞다.

여기에 기존 내용을 개선하면서 중요한 내용은 '짙게', '밑줄', '글자색' 등으로 표시했다. 문장을 다 읽지 않아도 핵심내용을 알 수 있게 한 것이다.

그렇다고 이것도 중요하고 저것도 중요한 것 같다고 전부 이런 식으로 표현하면 정말 중요한 내용이 무엇인지 알 수 없게 된다.

심지어 보고서 전체가 검은 지렁이가 기어 다니는 것처럼 보이기까지 한다. 별것 아닌 것 같지만 그렇기 때문에 정말 많은 실무자들이 자주 놓치는 부분이다.

문제점4. 보고자 마인드의 부족

이제부터는 이러한 문제가 발생하게 된 근본적인 원인을 진단할 차례다.

단순한 단위 표기 문제는 급하게 작성하다 보니 나온 실수일 수 있고 몰라서 그랬다면 다음부터 잘하면 되는 일이다. 가장 큰 문제는 '보고자 마인드'가 부족했던 것에 있다.

작성자는 분명 자신의 업무에 대해 잘 알고 있고 최대한 많은 정보를 보고서에 담으려고 했다. 그러나 결과적으로는 자신이 하고 싶은 말만 적었을 뿐 진짜 중요한 보고서를 읽는 사람의 입장은 전혀 고려하지 않은 것이다. 그래서 간결하지 못한 문구, 불필요한 데이터의 중복이 계속된 것은 아닐까?

6.
필요하면 베껴라

"하늘 아래 새로운 것은 없다."

　이 말을 다시 내 멋대로 해석해 본다면 기존에 있던 것을 모방하여 새롭고 더 나은 창조를 할 수도 있다는 뜻이다. 우리가 아무리 노력해도 모든 보고서가 칭찬을 받고 좋은 평가를 받을 수는 없다.

　열심히 노력해도 아이디어가 바닥나고 한계에 머물 때가 있다. 그럴 때는 다른 보고서를 참고하자. 업무 보고서에 저작권이 설정된 경우는 거의 없을 테니, 필요하면 베껴보자. 이때 가능하면 자신이 속한 조직에서 참고하고 베낄 보고서를 찾길 바란다.

　기관과 조직마다 선호하고 익숙한 그만의 스타일이 있음은 앞에서도 말한 바 있다. 잘 작성한 다른 사람의 보고서를 참고하고 모방하는 과정에서 원조보다 무엇 하나라도 더 나아지는 발전도 있을 수 있다. 아무리 완벽해 보이는 것도 속속들이 보다 보면 무엇인가 부족한 부분, 개선할 여지가 보이기 때문이다. 능력이 뛰어난 사람은 보는 안목도 탁월하다.

나 역시 평소 내 업무와 관계가 없어도 다른 사람이 작성한 보고서를 유심히 살펴보는 습관이 있다. 잘못된 것은 타산지석으로 삼고, 미처 생각하지 못한 좋은 점은 더 발전시키고 재창조해서 나만의 것으로 소화할 수 있기 때문이다. 또한 내가 보고하고 결재를 받아야 할 결재권자들이 선호하는 스타일을 미리 파악할 수 있다.

그러므로 가장 최근에 결재권자들이 좋게 평가한 자료를 찾아 모방하고 더 나은 방향으로 창조하는 것도 나의 능력을 키우는 기술이다.

프로는 도구에
민감하다

흔히 "장인은 도구를 탓하지 않는다."고 한다.

그러나 이것은 현실과 다르다. 솜씨 좋은 장인, 뛰어난 예술가일수록 도구에 민감하고 사소한 것 하나까지 세부적으로 챙기는 것이 많다.

프로야구선수가 마트에서 파는 야구 배트나 글러브를 사용하는 것을 봤는가? 협찬을 받든 사비를 들이든 자신에게 맞는 최고의 장비를 갖춘다.

흔히 말하는 장비 빨도 있을 수 있겠지만 프로의 영역에서는 사소한 차이가 큰 결과의 차이를 만들어낼 수 있기 때문이다.

그렇다면 보고서를 작성하는 우리의 대표적인 도구와 장비는 무엇인가? 바로 키보드와 마우스다.

우리는 이것들을 이용해 보고서라는 작품을 만들어내고 수많은 업무를 처리하는 프로페셔널 집단이라고 할 수 있다.

대부분은 회사에서 지급한 키보드와 마우스를 사용한다. 이것들은 업무용 PC를 구매할 때 함께 제공된다. 그러다 보니 장시간 업무를 할 때 피로감이 쌓인다. 그래서 나는 사비를 들여 내게 맞는 편안한 키보드와 마우스를 구입해 사용하고 있다. 작은 투자를 통해 만든 사소한 차이가 한 차원 높은 업무 결과를 만들어낼 수 있다고 믿기 때문이다.

게임을 좋아하는 사람은 게임을 더 잘하고 재미있게 즐기기 위해 고가의 키보드와 마우스를 사는 데 주저함이 없다. 하물며 게임을 하는 사람도 그 정도 투자를 하는데, 내 밥줄이자 자아실현의 공간인 직장에서 일을 더 잘하는 능력자가 되기 위한 투자는 당연하다고 생각한다.

자주 쓰이는 페이퍼워크의
핵심과 주의 사항

페이퍼워크(Paperwork)는 각종 서류 업무, 문서작업을 총칭하는 의미로 통한다. 보고서는 이 페이퍼워크의 대표이고 이외에도 많은 것이 있다. 그중 자주 쓰는 페이퍼워크를 살펴보고 꼭 기억해야 할 핵심 사항과 반드시 피해야 하는 주의 사항에 대해 알아보자.

회의자료(주간, 월간회의 등)

회의자료는 일반적으로 선임부서의 담당자가 각 부서의 자료를 정리해서 작성하며, 이런 과정을 '취합(聚合: 모아서 합친다)'이라고 한다.

가장 중요한 핵심은 이것을 단순히 남들이 작성한 자료를 복사해서 붙여 넣는 행위로 생각하면 안 된다는 것이다. 여러 부서의 각기 다른 사람이 만든 자료라 해도 마치 한 사람이 쓴 것처럼 작성하는 것이 핵심이다. 그러므로 회의자료를 취합하는 사람은 내용을 정확히 이해해서 모든 내용을 쉽고 간결하게 풀어써야 한다.

회의자료를 검토할 때 가장 답답한 상황은 취합한 사람이 내용을 잘 모르는 경우다.

이런 경우 "그쪽 부서에서 보내준 대로 쓴 건데요."라는 말로 회피하려 하는데 이는 절대로 해서는 안 되는 말이다. 이 말을 내뱉는 순간 책임을 모면하는 것이 아니라 스스로 무책임하고 아무 생각 없이 일을 했다고 시인하는 꼴이 되기 때문이다.

무엇보다 이 말은 상사의 분노 게이지를 가장 높이는 말이다. 비유하자면 성난 황소에게 빨간 망토를 흔드는 행위와도 같다. 이럴 때는 내용을 미처 숙지 못했음을 솔직히 인정하고 즉시 확인해서 성의껏 자료를 보완하는 게 최선이다. 회의자료는 부서의 업무를 대외에 알리는 것이어서 모든 상사는 회의자료에 매우 민감하다는 사실을 잊지 말자.

공문서(내부 결재, 시행문 등)

공문서(公文書)는 말 그대로 공적 업무를 위해 작성하는 문서를 말한다. 민원 문서도 접수되면 공문서가 되는 등 그 종류도 다양하고 공직자가 업무상 작성하는 거의 모든 문서가 이에 해당이 된다. 공적인 문서인만큼 가능한 공문서 표기 방법을 잘 지키는 것이 좋다.

무엇보다 알리고자 하는 내용을 명확하게 나타내야 하며, 대외 공신력을 지니므로 숫자, 날짜 등의 오타에 특별히 유의해야 한다.

가장 빈번한 문제는 전임자나 자신이 작성했던 이전 문서를 그대로 베껴서 작성할 때 발생한다. 결재권자도 사람이므로 수없이 쏟아지는 결재 문서를 꼼꼼하게 보지 못하고 결재하기도 한다. 그래서 이전과 똑같이 올라온 문서를 보고 뒤늦게 문제점을 알아차릴 때도 있다.

그런데 이때 "지난번에도 이렇게 했는데요."라는 말로 회피하려 하는데 이 또한 절대로 해서는 안 되는 말이다. 이유는 위에서 언급한 회의자료의 경우와 마찬가지다.

이때에도 실수가 있었다면 솔직하게 받아들이고 성의껏 수정, 보완하여 같은 실수가 반복되지 않게 하는 것이 최선이다. 무엇보다 공문서는 그 중요성이 내부용인 회의자료와 비교할 바가 아니다. 한 장의 잘못된 공문서로 엄청난 민원이 발생하기도 하고 골치 아픈 소송이 벌어지기도 한다. 이전에 통과됐으니까 문제없다는 식의 안일한 생각을 버려야 한다.

공문서 기안을 잘못해서 발생하는 일의 대부분 책임은 공문서를 작성한 기안자에게 돌아간다는 사실을 명심하자.

메시지 자료(말씀 자료, 연설문 등)

회의를 주관하는 분이 참고하는 말씀 자료나 각종 대내외 행사 등을 위한 연설문 등 메시지 자료를 작성하는 경우가 자주 있다. 물론 이런 메시지 자료는 매우 중요하므로 이를 전담하는 이른바 '작가'로 불리는 담당자가 있기 마련이다. 하지만 내가 그 작가가 될 수도 있으므로 미리 참고 하기 바란다. 가장 핵심은 그분들의 취향을 맞추는 것이다.

개인에 따라 키워드 위주의 개조식을 선호하는 분도 있고 대본을 읽듯이 그대로 읽는 것을 좋아하는 분도 있으므로 미리 원하는 스타일을 확인해야 한다.

또한 그분들이 평소에 자주 사용하는 표현이나 최근의 관심 사항을 잘 언급해서 작성하는 것이 아주 유용한 팁이다.

나 또한 CEO의 각종 말씀 자료와 연설문 등을 전담한 적이 있다. 역사 에피소드를 좋아하는 분의 메시지 자료에는 다양한 역사 속 이야기를 재미있게 담았고, 사자성어를 잘 쓰시는 분에게는 다소 생소하면서도 시의적절한 사자성어를 찾아내어 자연스럽게 언급하도록 했다. 그래서 그분들에게 "내 머릿속에 들어왔다 나온 것 같다."는 과분한 칭찬을 받기도 했다.

그리고 소리 내어 읽어보며 작성하는 것이 매우 중요하다. 눈으로 읽는 것과 소리 내어 읽는 것은 큰 차이가 있다. 또 읽기 편한 적당한 글자 크기와 읽는 사람을 배려한 문단의 배열도 특별히 신경 써야 하는 부분이다.

보도자료

업무를 하다 보면 언론사에 기사를 내기 위한 보도자료를 작성하는 경우가 있다. 언론사는 자체 취재를 통해서도 기사를 내지만 각 기관이 배포한 보도자료를 참고해서 기사를 작성하는 경우가 많다. 보통 홍보부서가 이런 업무를 담당하지만, 업무를 속속들이 알 수는 없으므로 기본적인 보도자료는 담당 부서가 작성하여 건네주는 것이 일반적이다.

보도자료 작성에서 가장 중요한 것은 '제목'이다. 우리도 인터넷, SNS 등을 보다가 흔히 헤드라인 또는 제목에 낚이곤 하지 않는가. 보도자료 역시 일반인의 관심을 끄는 제목 선정이 중요하다.
그리고 반드시 키워드 위주로 제3자의 관점에서 이해하기 쉽게 작성하는 것이 핵심이다.

나는 보고서를 작성할 때도 기존 언론사의 기사를 자주 참고한다. 복잡한 전문적인 내용도 일반인이 이해하기 쉽게 풀어서 설명하고 유려한 문장을 적절하게 사용하기 때문이다.
특히 내용과 연결되지 않거나 아무 임팩트가 없는 단조로운 제목, 무슨 이야기를 하고 싶은 것인지 알 수 없는 장황한 문장, 불분명한 사실관계 나열 등은 보도자료 작성 중 자주 범하는 실수임을 잊지 말자.

당신은 끊임없이 관찰되고 평가받는다

직장에 첫걸음을 시작한 당신, 낯설기만 한 사무실에 앉아있는 직원들, 오가며 마주치는 사람들, 사실 누가 누구인지도 잘 모른다. 대충 우리 직원이다 싶으면 허겁지겁 깍듯하게 인사를 하고 주위를 살펴보고 주변 반응을 관찰해보기도 한다.

하지만 기억하라! 보이지 않는 곳에서 당신을 관찰하는 눈들이 있다는 것을. 나는 전혀 모르는 누군가가 나를 잘 알고 있고, 영향력 있는 무리에서 나에 대한 평가가 이루어지고 있다.

"조직의 쓴맛"이라는 말이 괜히 나온 것이 아니다.

나는 여러분에게 현실적인 조언을 해주고 싶어 이런 코너를 따로 만들었다. 의미 없는 덕담이나 현실과 동떨어진 별 도움 안 되는 이야기를 하고 싶지는 않다.

여러분도 동료나 동기들끼리 모여 상사나 선배를 평가하지 않는가?

마찬가지다. 다른 점이 있다면 당신이 하는 것은 그냥 뒷담화로 끝나지만, 그들이 하는 평가는 당신의 현재와 향후 조직 내 미래까지도 영향을 미칠 수 있다는 데 있다.

한번은 어떤 신입직원이 사내 편의점에서 사소한 일로 흔히 말하는 진상을 부린 일이 있었다.

아마 그 직원은 자신을 알아보는 사람이 주변에 있었다면 행동을 조심했을 것이다. 그러나 자기가 아는 사람이 없다는 생각에 익명에 숨어 평소의 행동이 우발적으로 나왔을지 모른다.

하지만 비밀은 없다.

자신은 몰랐지만 그 직원이 누구인지 아는 사람들이 있었다. 소문은 급속히 퍼졌고 나중에는 그를 잘 모르는 사람들까지도 이 일을 알게 되었다. 이처럼 당신이 미처 인지하지 못하더라도 조직에는 보이지 않는 눈들이 있음을 기억하기 바란다.

당신의 사소한 언행이 평판에 막대한 영향을 미칠 수 있다. 좋은 평가를 받을 수도 있지만 상황에 따라 억울한 일을 당할 수도 있다.

당신이 아직 힘이 없다면, 그리고 이미지를 구축해 나가는 과정에 있다면 이 한마디를 잊지 말자.

'항상 조심하자.'

4장

능력자의
보고 기술

1.
보고서는
타이밍의 예술이다

아무리 진수성찬을 차린다 한들 이미 배가 부른 사람에게는 관심이 없는 일이다. 중요한 전화를 기다리는 사람에게 전화를 걸어 영업을 하려 한다면 아무리 수완 좋은 영업사원이라 해도 핀잔만 들을 것이다.

이전에 한참 유행했던 "낄끼 빠빠"라는 말이 있다. "낄 때 끼고 빠질 때 빠지라."는 의미다. 내가 준비되어있다고 해도 상사가 보고를 받을 준비가 되어있지 않다면 시기를 잘 조율해야 한다.

결코 바람직하지 않지만, 기분에 따라 보고를 받아들이는 자세가 천지 차이인 괴팍한 상사도 많기 때문이다.

또한 정보를 담은 사항은 한걸음이라도 빠른 타이밍이 중요하다. 형식에 구애받지 않은 간단한 메모 한 장이라 해도 적절한 타이밍 보고는 효과 만점이다. 사내에는 수많은 정보와 '카더라 소식'

이 떠돈다. 보통 직원들끼리 커피 한잔 나누는 시간, 담배 한 대 피우는 잠깐 동안 온갖 정보가 서로 교환되고 소문이 퍼진다. 단톡방과 메신저를 통해 모든 뉴스를 실시간으로 공유한다. 이 때문에 정보는 시간의 문제일 뿐 결국 모두가 알게 된다.

그래서 '타이밍'이 중요한 것이다.

단 5분이라도 내가 다른 이들보다 빨리 정보를 입수했다면 그것은 값어치가 있는 것이다.

말이 좀 다른 곳으로 새어버렸다. 이처럼 보고는 타이밍을 잘 잡아야 한다. 그리고 최종 결재권자인 실, 국장이나 임원에게는 비서들이 있다. 이 비서들과 친해지는 것은 큰 도움이 된다.

보고를 받을 결재권자의 기분과 분위기, 스케줄을 재빨리 파악할 수 있고 생각지도 못한 요긴한 정보를 건질 수도 있기 때문이다.

2.
상사의 유형과
분위기를 파악하라

사람의 성향은 다양하다. 또 같은 사람이라 해도 어떤 환경과 상황에 놓이느냐에 따라 전혀 다른 사람처럼 행동하기도 한다.

이번에는 내가 직장생활을 하면서 겪고 관찰했던 상사의 유형을 '다섯 가지'로 구분하고 그에 따른 대응방법을 정리해보려 한다.

일차적으로는 상사에게 보고하며 깨지지 않기 위해서지만, 직장생활에서 처세와 생존을 위한 나름의 도움이 될 수 있을 것이다.

1) 스타(Star)형: 실무능력과 통찰력이 뛰어나다

경영학의 오랜 금언 중 "똑똑한 실무자가 어리석은 관리자가 되고, 유능한 참모가 무능한 장군이 된다."라는 말이 있다.

이 뜻은 승진을 함에 따라 자신의 위치에 맞게 역할과 관점을 바꿔야 하는데, 과거 실무자 시절에만 매몰된 나머지 막상 높은 자리에 올라와서는 자기 역할을 못 하는 경우가 많기 때문에 나온 것이다.

'스타형'은 이런 굴레를 벗어난 사람들이다.(그래서 스타다.)

업무에 대한 깊은 이해와 경험, 넓은 안목을 지닌 이상적인 유형이다. 보고내용에 대한 이해가 빠르고 실무진의 눈높이에서는 미처 생각하지 못한 부분을 지적해주기도 한다. 또 충분한 격려를 통해 직원의 동기부여를 일으키고 사기도 높여주곤 한다.

그렇지만 그만큼 업무의 기대치가 높으므로 보고서 수준과 보고스킬 또한 그에 맞게 향상시켜야만 한다.

이런 상사는 핵심내용을 재빨리 짚어내기 때문에 주절주절 떠드는 부연설명을 귀찮아한다. 또 실무능력도 뛰어나다 보니 부하직원들이 자신의 수준에 미치지 못하는 것을 이해 못 하는 경우도 있다.(나는 되는데 쟤는 왜 안 되지?식으로 말이다.)

이 때문에 스타형 상사와 함께 일하는 것은 큰 행운일 수도 있지만 자칫 고난의 행군이 될 수도 있는 '양날의 검'이다.

배울 것은 많지만 기대 수준을 맞추기가 정말 쉽지 않기 때문이다. 이 때문에 스타형에게는 언제나 한 수 배우겠다는 자세로 임해야 한다. 토를 달면 본인을 가르치려든다고 생각해서 기분 나빠한다. 그리고 대부분은 성질이 급하다. 이런 이유로 보고서 내용이 조금 부족하더라도 적기에 빨리 보고하는 것이 낫다.

나도 이런 상사를 모신 적이 있었는데 당시 나의 전략은 간단했다. 보고 타이밍을 앞당긴 것이다.

예를 들어 퇴근 전까지 보고할 내용이 있으면 점심시간까지 맞춰서 보고서를 상사 책상에 올려놓거나, 적어도 오후 3~4시까지는 초안을 작성해 보고했다.

내일까지 보고해도 될 것 같으면 무조건 그날 작성해서 퇴근한 상사 책상 위에 올려두었다. 아침에 출근하자마자 지시한 보고서를 볼 수 있게 말이다.

물론 이것들이 전부 완벽한 보고서는 아니었다. 대략 70% 정도 되었다 싶으면 일단 보고부터 했다. 상사에게 지시사항이 차질 없이 이행된다는 것을 확인시켜주고 잘못 이해한 부분을 바로잡을 수 있으며, 업무의 방향성을 일관성 있게 할 수 있기 때문이다. 이 때문인지 스타형 상사와 평화롭고 즐거운 직장생활을 할 수 있었다.

2) 구루(Guru)형: 실무능력은 평범하지만 통찰력을 갖췄다

'구루(Guru)'는 산스크리트어로 스승을 의미한다. 조직 내에서 소리 없이 강한 상사 중 '구루형'이 많다.

실무자 시절부터 융화력이나 정치력으로 큰 사람들이다. 실무능력이 뛰어난 것은 아니지만, 보고서나 업무를 보는 안목은 탁월하다. 구루형은 잘만하면 나의 능력을 인정받기 좋은 상사다. 뛰어난 인재를 알아보는 안목이 남다르고, 자신이 인정하는 직원에게는 애정을 아끼지 않기 때문이다.

구루형 상사와 함께 일하게 된다면 일 욕심을 좀 더 내고 두각을 나타내기 위해 노력하기 바란다. 구루형은 기존의 구태의연한 스타일보다는 새로운 형식이나 기발한 아이디어를 좋아한다.

또 사무적인 관계보다 인간적인 관계와 신뢰를 중요시하는 것도 구루형의 특징이다.

나는 구루형 상사에게 보고할 때 가끔은 하찮은 오타나 가벼운 실수를 일부러 만들기도 했다. 지적거리를 주기 위해서였다. 자신이 인정하는 직원에게 직접 가르침을 주며 흐뭇함을 느낄 수 있게 하려는 나름의 배려였다.(아첨이라면 아첨 맞다. 조선 시대 내관들이 왕의 기분을 맞춰 주려 했던 것을 응용한 것이니까. 아무에게나 쓸 수 있는 것은 아니지만, 효과 만점이다.)

또는 애매한 문구나 내용을 들고 가서 가르침을 구하고 함께 상의하며 신뢰를 쌓아갔다.

지금은 대부분 퇴직하셨지만, 직장생활을 하며 개인적으로 가장 고마웠고 지금도 생각나는 상사들은 구루형에 속한 분들이 많다.

3) 독고다이형: 자신이 관리자인지, 실무자인지 모른다

스타형을 소개할 때 말했던 것처럼 똑똑한 실무자가 어리석은 관리자가 되어 버린 경우다.

'독고다이'는 본래 특공대를 뜻하는 일본말인데 '스스로 결정하여 혼자 일을 처리하는 사람'을 가리키는 말로 국어사전에도 등재되어 있다. 유래를 떠나 우리가 지금도 흔히 쓰는 표현이다.

'독고다이형'은 야근과 주말 근무를 마다하지 않고 일을 할 때는 몸을 사리는 경우도 없다. 하지만 동료나 선배로서는 좋을지 모르지만 상사로서는 솔직히 매우 피곤한 유형이다.

이들은 대부분 정치적인 역량 없이 오로지 개인의 실력과 충성심 하나로 승진을 한 경우가 많다. 그러다 보니 관리자가 되어서도 실무자 시절의 습관을 쉽게 버리지 못한다. 심지어 부하직원이 할 일을 자기가 도맡아 해버리거나, 심할 경우에는 아예 부하직원들을 믿지 않는다.

그래서 독고다이형 상사는 옆에서 보기에 안타까운 경우가 많다. 외롭고 고립된 상황을 자초하기 때문이다.

독고다이형 상사와 일하는 경우에는 적당한 선을 유지해야 한다. 열심히 한다고 나서면 오히려 핀잔을 듣기 일쑤고, 그렇다고 뒤로 빠지면 "상사인 나도 이렇게 고생하는데, 실무자가 열심히 하지 않는다."며 불만을 토로하기 마련이다.

독고다이형에게는 모든 보고를 빠짐없이 챙겨야 한다.

문제가 생겼을 때는 자신에게 보고했는지 안했는지를 먼저 따져보기 때문이다. 또 거시적인 큰 방향성보다는 세부적인 것에 관심을 두고 집착하는 경향이 있으므로, 보고할 때에는 디테일한 데이터와 자료를 신경 써서 준비해야 한다.

나도 한때 이런 유형의 상사와 일한 적이 있다.

인품이나 업무능력에서는 흠잡을 데 없이 좋은 분이었지만, 모든 것을 혼자 다 처리하려는 것이 문제였다. 담당자에게 맡기거나 같이 하면 금방 해결할 일도 혼자 끌어안고 있으니 무엇 하나 제대로 될 리가 없었다.

이 때문에 본인은 항상 극심한 정신적 스트레스와 육체적 과로에 시달렸다. 무엇보다 가장 큰 문제는 직원과 감정적인 마찰이 수시로 빚어진 것이다.

여기에 "무슨 문제든 밤을 새우면 해결된다."는 납득이 잘 안 가는 철학을 갖고 있었는데, 다른 것은 몰라도 인간관계가 혼자 밤을 새운다고 해결될 수 있는 성질의 것은 아니지 않는가?

결국 이분은 제풀에 지친 나머지 명예퇴직을 신청하고 말았다. 퇴직 이후에야 심신의 안정을 되찾은 그분의 환한 얼굴이 지금도 눈에 선하다.

4) 크레믈린(Kremlin)형: 도무지 무슨 생각을 하는지 모른다

'크레믈린'은 러시아의 크렘린(Kremlin)궁을 의미한다. 냉전 시대 스탈린 같은 소련 정치인들처럼 도무지 그 속을 알 수 없다는 의미인데, 공직사회에서는 지금도 보통명사처럼 쓰인다.

한마디로 다가가기 어려운 유형이며, '가까이하기엔 너무 먼 당신'이다. 그들은 무슨 이유인지 항상 화가 나 있으며, 쉽사리 속내를 드러내지 않는다. 하지만 의외로 실무능력이 뛰어나고 경영진의 신임을 두텁게 받는 경우가 많다.

굉장히 권위주의적인 사람도 많지만, 보이지 않는 곳에서 세심하게 잘 챙겨주는 '츤데레' 스타일도 적지 않은 등 성향이 양극화되어 있다.

무엇보다 크레믈린형 상사에게 보고할 때는 사전스터디를 열심히 해야 한다. 항상 원리, 원칙을 따지기 좋아하므로 물어보는 질문에 대답을 제대로 못 하거나 근거를 대지 못하면 곤욕을 치른다. 하지만 믿음을 얻는 과정이 어려워서 그렇지, 일단 신뢰를 하게 되면 무한신뢰를 보내는 것이 크레믈린형 상사의 특징이기도 하다.(물론 이 세상에 100%는 없다.)

이전에 함께했던 상사 한 분이 이런 유형이었다.

보통 보고서를 갖고 가면 그 자리에서 너 댓가지씩 날카로운 질문을 쏟아내곤 했다. 이분의 성향을 잘 알기에 항상 그에 대한 만반의 준비를 했다. 충분히 궁금해할 만한 예상 질문과 답변을 미리 짜서 연습해보기도 했다. 그런 과정을 거쳐 내가 신뢰를 얻은 이후에는 모든 것이 편해졌다.

이후 내가 올린 결재나 보고서는 읽어보지도 않고 서명하거나, 어지간한 것은 전부 믿고 맡겨주었다. 나 또한 그런 믿음을 저버리지 않기 위해 더 꼼꼼하게 챙기고 노력했던 것은 당연하다.

때로는 자신만이 터득한 나름의 직장생활 비법을 나에게만 즐겁게 털어놓기도 했다. 그분에게 배운 것들이 실제 직장생활에서 많은 도움이 되었던 것은 물론이다.

5) 메멘토형: 자신의 기억을 포맷해버린다. 그것도 수시로…

여기에서 말하는 "메멘토(Memento)"는 2000년에 개봉한 크리스토퍼 놀란 감독의 유명한 영화 제목에서 따온 것이다.

선행성 기억상실증을 지닌 주인공의 이야기를 다룬 스릴러인데, 이 영화가 대히트 친 후부터 건망증이 심한 사람을 메멘토라고 부르곤 했다. 굳이 한국 영화에서 따온다면 "내 머릿속의 지우개형"이라 할 것이다.

그렇다. 메멘토형 상사는 분명 자신이 지시했던 사항이나 보고를 받았던 기억을 깡그리 잊어버리는 사람이다. 심지어는 왜곡해서 기억하기까지 한다. 이 때문에 지시대로 작성한 자료를 트집 잡거나, 보고를 받았던 사실을 잊어버리고 오히려 보고를 제때 안 한다고 혼내는 경우도 있다.

젊은 시절 나름 머리가 샤프하다는 평가를 받던 분 중 이런 경우를 자주 봤는데, 자신의 기억력이 예전 같지 않다는 것을 인정하지 않는다. 문제는 이런 것을 자신만 모르는 경우가 대부분이라 더욱 곤혹스럽다. 당신이 메멘토형 상사와 일하게 되었다면 먼저 심심한 위로를 전하고 싶다. 함께 일하기가 정말 힘들기 때문이다.

메멘토형에게는 모든 업무 결과를 매번 확인시켜주고 중간보고를 더욱 자주 하며 꼼꼼히 확인해야 한다. 또 보고할 때는 이전에 지시한 내용을 적은 메모나 보고했던 자료를 잘 챙겨서 함께 들고 가야 한다.

그리고 지적할 때마다 증거를 직접 보여주고 기억을 되살려줘야만 한다. 그렇지 않으면 죄도 없는 당신이 모든 잘못을 뒤집어쓰고 만다. 이를 위해 자료를 파일 형태로만 저장하지 말고 별도 출력해서 황화일 등으로 관리하면 대응에 효과적이다.

다시 나의 경험을 이야기해보겠다.

내가 직장생활을 하면서 상사와 마찰을 겪은 정말 몇 안 되는 경험은 전부 이 메멘토형 상사를 만났을 때 벌어진 일이었다.

애초에 있지도 않은 자료를 가져오라던가, 분명히 지시한 데로 했는데도 시킨 대로 하지 않았다며 신경질을 부리는 경우가 많았다.

한번은 이전에 자신이 만든 보고서와 똑같이 작성하라고 해서 그 보고서에 날짜와 숫자만 바꿔 가져간 일이 있었다.

그러자 "무슨 보고서가 이따위야? 내가 말한 보고서가 아니잖아!" 라며 화부터 내는 것이 아닌가? 결국 내 인내심도 한계를 드러냈고, 내가 그 부서를 떠나며 고난의 행군도 일단락이 되었다. 서로 오해를 풀기는 했지만 이미 떠난 마음을 되돌릴 수도 없었고 그러고 싶지도 않았다.

이외에도 어디로 튈지 모르는 '톰방형'이나 무위도식하는 '신선형'도 있다. 또 이상의 모든 것이 뒤섞인 '하이브리드형'도 있다.

하지만 어쩌랴? 절이 싫으면 중이 떠나라는 속담처럼 절이 싫으면 떠나거나 적응하는 수밖에 없다. 혹시나 젊은 혈기에 절간에 불을 지르는 사람은 없길 바란다. 실제로 몇 명 봤기에 노파심에 하는 말이다.

3.
별걸 다 기억하는
그분들

1) 끊임없는 의심: 중간보고는 필수

직장에서 가장 중요한 덕목 중 하나임에도 너무나 많은 이들이 놓치는 것이 중간보고의 중요성이다.

사실 상사를 대면하며 보고를 하는 것은 부담이 되는 일이다. 특히 엄하거나 퉁명스럽기까지 하다면 얼굴을 바라보는 것만으로도 식은땀이 난다. 하지만 그럴수록 중간보고를 잘해야 한다.

공사감독관으로 현장의 감리단과 시공사 등 협력사를 관리했을 때 일이다. 협력사에 업무와 관련해 자료검토를 지시했는데 도무지 중간보고를 안 하는 것이었다. 최소한 진행 상황이라도 알려주면 좋을 텐데 도대체 일을 하는 것인지? 아예 까맣게 잊어버린 것은 아닌지 알 수가 없었다.

조금 더해 이 사람들이 나를 우습게 보는 게 아닌가 싶은 생각마저 들었다. 그렇다고 독촉하는 것도 갑질 하는 것 같아 내키지 않았다. 부글부글 끓어오르는 마음을 간신히 진정시키며 기다리고 있었다.

나중에 알게 되었지만, 협력사 담당자들은 나의 이런 마음은 꿈에도 모른 체 열심히 작업하고 있었다. 나름 완벽한 결과물을 만들겠다는 생각을 갖고 말이다. 하지만 마감이 임박해서 가져온 자료는 지시사항과 전혀 맞지 않는 엉뚱한 내용으로 가득했다. 한마디로 헛다리를 짚었던 것이다. 중간에 물어만 봤어도 헛수고를 안 할 수 있었는데 안타까운 일이었다.

그때 느낀 것이 비슷한 상황을 매일 겪고 있을 상사들의 마음이다. 자신의 지시가 제대로 이행되고 있는지 수시로 확인하고 싶지만, 참고 인내하는 마음 말이다. 이것은 여러분의 처지가 바뀌어도 마찬가지일 것이다.

상사들이 가장 기분이 나쁠 때는 언제일까? 물론 하늘처럼 보이는 상사라고 해도 누군가의 부하직원이다. 그러다 보니 상사도 자신의 상사에게 혼나거나 듣기 싫은 소리를 들을 때 당연히 자존심도 상하고 기분이 안 좋을 것이다.

그러나 정말 불쾌한 것은 부하 직원에게 무시당할 때다. 물론 대놓고 자신의 상사를 무시하거나 시비를 거는 사람은 없다. 그러나 상사 입장에서 자신이 한 지시사항이 제대로 이행되지 않는다고 생각할 때 모멸감을 느끼고 무시당했다고 생각한다.

중간보고의 중요성을 강조하는 이유다.

보고서를 만들기도 어렵지만 그것을 보고하는 것도 쉬운 일이 아니다. 여기에 평생 가야 수고했다는 말 한마디 없이 이것저것 트집만 잡는 끔찍한 상사라면 엄청난 스트레스가 아닐 수 없다.

그렇기 때문에 중간보고의 중요성을 인지해도 이 상황을 피해 가고 싶어 하는 것일지도 모른다. 인간이니 거리끼는 일은 당연히 피하고 싶다. 이처럼 중간보고가 중요하다는 것은 알지만 상사가 까칠해서 실행하지 못하는 것은 차라리 낫다.

가장 큰 문제는 그 중요성과 필요성을 인식조차 못하는 것이다.

아래의 가상 상황을 한번 보자.

안똘똘 대리는 부장님으로부터 신입직원들을 환영하는 행사계획을 세우라는 업무지시를 받았다.

일 욕심 많고 성실한 그는 동기들이 부르는 술자리도 마다하고 야근까지 하며 기획(안)을 담은 보고서를 작성했다. 그리고 드디어 일주일 만에 완성한 보고서를 들고 의기양양하게 부장님 앞에 결재판을 내민다.

"젊은 직원들이 좋아할 만한 아이돌 공연도 식순에 넣었고 선후배가 함께 참여하는 다양한 퍼포먼스도 이렇게 구성했습니다."

말없이 보고서를 읽는 부장님과 안 대리 사이에는 어색한 침묵만이 흐른다. 얼마나 지났을까? 이윽고 긴 한숨을 내쉬며 부장님이 내뱉는 한마디.

"안 대리 님. 내가 이 업무를 맡긴 게 언제였지요?"
"일주일 전입니다."
"일주일 동안 아무 말도 없다가 이런 엉뚱한 보고서를 들고 오면 어떻게 합니까? 모든 행사를 간소화하라는 CEO 지시가 있었는데, 이건 행사 규모가 너무 크잖아요. 그리고 예산협의는 했나요?"
"CEO 지시사항은 제가 미처 몰라서... 예산협의는 아직...."
"……."

안뚤뚤 대리가 실수한 것은 무엇일까?
먼저 부장님은 일주일 동안 중간보고가 없었던 것이 기분 나빴다. 자신이 지시한 일이 어떻게 진행되고 있는지 알 수 없던 것이 거슬린 것이다.
또 안 대리는 CEO의 지시사항을 확인하지 않았다. 보통 CEO의 중요한 지시는 사내게시판에 올라가거나 부서 회의 시에 공유된다.
아마도 안 대리는 일에만 몰두한 나머지 다른 것은 아예 관심을 두지 않았을 것이다. 꼭 이게 아니더라도 일을 하다 보면 예기치 못한 변수가 언제나 생길 수 있음에도 주의를 게을리한 것이다.

하지만 무엇보다 가장 큰 실수는 중간보고를 하지 않은 것이다.

이 모든 상황은 적절한 중간보고만 있었다면 해결되었을 일이다. 만일 월요일에 업무지시를 받고 일주일의 시간이 주어졌다면 최소한 목요일에는 70% 정도 완성된 보고서 초안을 갖고 중간보고를 해야 했다.

기억하라. 상사는 언제나 자신의 지시를 제대로 이해하고 있는지 그 일을 착수하고 정상적으로 처리하고 있는지 의심하고 있다. 그 의심은 중간보고로 풀어줄 수 있다.

중간보고의 효과는 크게 다음의 3가지다.

첫째, 내가 상사의 지시를 잊지 않고 성실하게 수행하고 있음을 어필할 수 있다.

상사가 보이지 않는 곳에서 열심히 하는 것은 쓸모없는 짓이라는 말도 있다. 위에서 말했지만 상사들은 부하직원이 자신이 내린 업무지시를 제대로 수행하지 않을 때 무시당했다는 감정을 느낀다.

설령 당신이 정말 멋진 보고서를 만들어 '서프라이즈'를 하려는 의도였더라도 이미 기분이 상한 사람에게 효과가 있을 리 없다.

둘째, 방향이 잘못되었을 때 재빨리 바로 잡을 수 있다.

나는 수년간 CEO가 주관하는 대부분 회의에 참석해서 그 결과를 기록하고 정리하는 업무를 한 적이 있다.

그 일을 하며 깨달은 재미있는 사실은 회의에서 같은 이야기를 함께 들었는데도 회의실을 나올 때는 서로 기억하고 이해하는 것이 전혀 다른 경우가 매우 많았다는 것이다.

이 때문에 어떤 때는 내가 꼼꼼하게 정리해서 CEO가 확인한 보고서가 없었다면 부서 간에 다툼이 벌어질 뻔한 일도 있었다.

업무지시도 마찬가지다. 나는 분명 A라고 이해했지만, 상사는 B나 C의 의도로 지시를 했을 수 있다. 또는 당시에는 A였으나 그것이 그사이 다르게 변경되었을 수도 있다. 중간보고의 가장 중요한 기능이 바로 이러한 때를 대비하기 위한 것이다.

중간보고를 함으로써 업무의 진행 방향이 맞는지 확인하고 잘못되었다면 수정할 수 있는 시간을 버는 것이다. 여기에 더해 적기에 중간보고를 했다는 것은 나중에 예기치 못한 문제가 발생했을 때 내가 빠져나올 수 있는 구멍을 만드는 것이다.

셋째, 상사의 위기상황을 막아줄 수 있다.

앞에서 말했듯 상사도 누군가의 부하직원이다. 당신에게 맡겨진 일에 대한 공유가 이루어지지 않으면 상사를 난처한 상황에 빠뜨리게 된다. 한 부서를 총괄하면서 해당 업무의 진행 상황을 알지 못하는 것처럼 민망하고 자존심 상하는 일도 없다.

만일 중간보고를 빠뜨려서 상사가 곤경에 처하는 일이 생겼다면, 상사는 업무 진행 상황을 미처 파악 못한 자신을 반성할까? 아니면 중간보고도 없이 일도 안 하고 뺀질거리는 것으로 보이기 시작한 당신을 원망할까? 잘 판단해보기 바란다.

2) 그놈의 조바심: 타이밍 잘 맞추기

꽤 오래전 일이다. 영어 공부도 할 겸, 당시 새로 창간한 모 영자신문을 정기구독한 일이 있었다.

그런데 배달된 신문을 보니 어제 날짜의 신문인 것이다. 처음에는 무슨 착오가 있었을 것이라 생각하고 넘어갔다. 그런데 매일 어제 날짜 신문이 배달 오는 것이었다.

황당한 마음에 본사로 전화를 하니 내가 지방에 거주하고 있고 해당 신문에 미국 일간지를 함께 넣다 보니 하루의 지연이 생긴다는 설명이었다. 당연히 구독 전에 이에 대한 고지는 없었다.

무엇보다 하루 지난 신문은 그냥 폐지일 뿐인데, 정상적인 구독료를 지불할 사람이 어디 있겠는가? 당연히 그 자리에서 구독을 취소했다.

보고서도 마찬가지다. 타이밍을 잘 맞춰야 한다. 중간보고까지 잘 마쳤다면 일단 중요한 고비를 넘긴 셈이다. 그러면 여기에 안주하지 말고 피날레를 장식해야 한다.

보고서는 '필요한 때'를 넘기면 안 된다. 그렇기 때문에 상사는 언제나 조바심을 낸다. 보고서의 타이밍이 얼마나 중요한지 경험으로 알고 있기 때문이다. 제때 보고하지 못한 보고서는 내가 구독했던 하루 지난 신문과 마찬가지다.

"이걸 이제 가져오면 어떻게 하나?"는 말이나 "아직도 멀었나? 도대체 뭐 하고 있었나?"라는 소리가 나온다면 당신의 보고서가 하루 지난 신문이 되어가고 있다는 시그널로 생각하면 된다.

3) 쓸데없는 기억력: 빠짐없이 챙겨야 하는 지시사항

설령 앞에서 말했던 메멘토형 상사라고 하더라도, 어느 때는 사소한 것들을 일일이 기억하고 따지는 경우가 많다.

굳이 저런 것까지 기억하나? 싶을 정도로 쓸데없는 것을 잘도 기억한다. 그렇다면 이런 위험을 미연에 방지하는 방법은 무엇이 있을까?

그것은 너무나 간단하다. 바로 '메모'다!

반드시 상사와 자리를 할 때는 수첩과 펜을 들고 다녀라. 그냥 필수품이라 생각하고 지참하면 편하다. 빈손으로 회의 탁자에 앉는 것은 일단 보기에도 안 좋고 불성실해 보인다.

한때 공직사회에서 지시사항을 받아 적는 일이 권위주의라고 하여 회의할 때 메모하지 않도록 하는 것이 유행처럼 번진 적이 있었다. 나름 권위주의를 타파하겠다는 좋은 취지로 시작한 일이었지만, 사람들의 허술한 기억력은 전혀 고려하지 않은 것이다.

물론 얼마 지나지 않아 이것은 흐지부지되었다. 그 시절에는 스마트폰도 없던 때이니 손쉽게 녹음을 할 수도 없었다. 지시하는 사람이야 자기가 지시한 것이니까 기억하겠지만 일방적으로 듣는 사람이 그것을 전부 기억할 수는 없는 노릇 아닌가? 열심히 듣고 받아 적었는데 나중에 내가 적어놓고도 무슨 소리인지 이해가 안 가는 경험도 다들 한 번 쯤은 있을 것이다.

그런데 그냥 듣기만 한다면 모든 기억은 휘발성 기체처럼 날아가 버릴 것이 뻔하다. 우리가 지난 조선 시대 역사를 상세히 알 수 있는 것은 편집광적으로 조선왕조실록을 기록한 사관들의 덕택임을 생각하면 이해가 쉬울 것이다.

나는 상사의 지시사항을 일일이 메모하고 의문이 가는 것은 그때그때 질문하고 재확인하는 습관이 있다. 그리고 지시가 끝나면 내가 정리한 것을 그 자리에서 차례대로 브리핑하며, 내가 이해한 것과 상사의 의도가 정확히 맞는지를 재확인한다.

보고서가 완성되면 지시사항을 적었던 메모와 중간보고를 했던 자료를 체크한다. 필요한 경우 그러한 내용을 일목요연하게 한 장의 표로 만들어 함께 보고하면서, 지시사항이 이상 없이 반영되었음을 확인시킨다. 가끔은 이렇게까지 하는데도 빼먹는 것이 나오기도 한다.

다시 한 번 강조하지만, 지시사항은 빠짐없이 기록하고 챙겨라.
그리고 상사가 첨언하거나 메모한 초안 보고서는 수정보고를 할 때 반드시 같이 챙겨가야 한다. 그리고 습관적으로 최종보고를 하는 습관을 들여야 한다. 굳이 다시 보고하지 말라고 하는 경우를 제외하고 항상 그래야 한다.

4.
혼나지 않는
보고의 기술

1) 내 거친 생각과 불안한 눈빛을 지켜보는 너

세계적인 인터넷 쇼핑몰 '알리바바'의 창업주 마윈은 영어 강사 출신으로 유창하게 영어를 구사한다고 알려졌다. 하지만 실제로는 문법적으로도 많이 틀리고 구사하는 단어 수준도 높지는 않다고 한다.

그럼에도 쉬운 단어와 표현을 사용하며 임팩트 있게 내용을 전달하고 무엇보다 당당함과 강한 자신감이 그런 단점을 완벽히 상쇄해서 굉장히 유창한 영어를 구사하는 것으로 느끼게 한다는 것이다.

갑자기 전혀 엉뚱한 얘기를 꺼낸 것은 보고자의 자세에서 갖춰야 할 덕목이기 때문이다.

영어가 아니라 '당당함'과 '자신감' 말이다.

자신을 상사라는 고객을 설득 시켜 나의 보고서를 구매하게 만드는 영업사원이라고 상상해보자. 영업사원이 쭈뼛쭈뼛 하거나 자신 없는 모습을 보인다면 그가 하는 말에 설득력이 느껴질까? 나라고 해도 그가 하는 말에 의심부터 들 것이다.

지금은 퇴직하신 본부장님이 나에게 이런 말씀을 하신 적이 있다.
"그때 맡긴 일이 절대 쉬운 일이 아니었는데, 자네가 당황한 기색도 없이 자신 있게 받아들여서 안심되었다네."

나도 비슷한 경험을 한다. 불가피하게 부서원 간 업무를 나누는 과정에서 자신 있게 행동하는 동료는 시작 전부터 믿음이 간다. 그리고 그런 사람들이 기대를 저버리는 경우는 거의 보지 못했다.
반면 별것 아닌 일인데도 자신에게 업무가 떨어졌다는 사실에 놀란 토끼 눈을 하거나 한숨부터 쉬는 사람도 있다. 그런 행동 자체도 유쾌하지 않지만 "이 사람 도대체 뭐지?" 하는 불신이 먼저 들게 하는 행동이다.

보고도 마찬가지다.
자신 없는 행동은 불신을 준다. 무엇보다 불안한 모습을 보인다고 동정을 받지 못한다. 일을 시킨 입장에서 함께 불안해질 뿐이다.

쉬운 예를 들어보자. 당신의 자동차가 고장이 나서 정비소에 맡겼는데 기술자가 나라 잃은 표정을 짓고 어쩔 줄 몰라 한다면 믿음이 가겠는가? 그리고 그런 사람이 해놓은 서비스에 안심할 수 있을까? 주행 중에도 혹시 볼트라도 덜 조인 것은 아닌지 걱정이 들 것이다.

보고할 때는 눈에 힘을 주고 어깨를 쭉 펴라. 그리고 목소리도 가다듬고 미리 보고멘트를 연습해보기 바란다. 그러고 나면 자신감이 생긴다.

2) 목적은? → 왜? 하는데 → 어떻게 할 건데? → 결론은 뭐야? → 향후 계획

자신감과 당당함이 편의점에서 파는 것도 아니고 믿는 구석이 없다면 애당초 발휘될 수 없는 것이다. 그렇다면 그 믿는 구석을 어떻게 만들 것인가?

그것은 충분한 준비다.

소설에만 기승전결이 있는 것이 아니다. 보고에도 유사한 흐름이 있다. 이런 흐름에 따라 예상 질문을 뽑고 핵심사항을 정리하자.

보고의 흐름은 앞글자만 따서 '목-왜-어-결-향'이다.

(1) 목적은? 이 보고를 하는 궁극적인 의도가 무엇인가?

안타깝지만 너무나 많은 보고자가 이 기본적이며 가장 중요한 핵심을 놓치는 실수를 저지른다. 변죽만 울릴 뿐 도대체 뭘 하겠다는 것인지 불분명하다. 보고의 목적을 분명히 해야 한다.

(2) 왜? 하는데

좋다. 보고의 목적은 이해했다. 그럼 이 목적을 왜 이루어야 하는지를 이해시켜야 한다. 타당성 있는 이유가 있어야 한다.

그냥 하면 좋으니까 식으로 하면 안 된다. 법, 규정과 같은 객관적 근거와 타당성을 따져 움직이는 공직사회의 특징을 잊지 말자.

그 판단에는 언제나 객관적인 근거가 따라야 한다. 일반적인 기안문 작성의 시작이 관련 근거를 밝히며 시작하는 것은 바로 이런 이유에서이다.

(3) 어떻게 할 건데?

지금까지 아주 잘했다. 보고의 목적도 이해시켰고 왜 해야 하는지에 대한 타당성도 잘 납득시켰다. 좋아! 하지만 진짜 게임은 지금부터다. 그렇다면 어떻게 이것을 실행할 것인지를 설명해야 한다.

이와 관련한 역사적 사건 하나를 소개하겠다.

『고려사절요9』 제19권 (고려)고종 19년 6월자 기사에 나온 기록을 재구성한 사건이다.

때는 고려 무신 정권기, 몽골의 위협이 날로 심해지자 당시 집권자였던 최우(崔瑀)가 자신의 사저에 조정의 중신들을 불러 모았다.

그리고는 몽골군을 피해 수도인 개경(지금의 개성)을 버리고 강화도로 천도하는 방안을 의논했다. 나라의 중차대한 문제인 만큼 대소신료 간에 갑론을박이 한참 벌어지고 있던 그때!

회의장 밖에서 이것을 듣고 있던 김세충(金世沖)이라는 장수가 문을 박차고 들어와 최우에게 따졌다.

"개경은 태조 때부터 지켜 내려와 무려 3백 년이나 되었습니다. 성이 견고하고 군사와 양식이 족하니 진실로 힘을 합하면 사직을 지켜낼 수 있는데, 이곳을 버리고 장차 어디에 도읍하겠다는 것입니까?"

김세충은 야별초(훗날 삼별초)의 지휘관이었다고 하는데, 아마도 천생 무인이었던 사람인지라 싸워보지도 않고 도망부터 가려는 최우와 중신들이 못마땅했을 것이다.

하지만 그의 이야기를 다 들은 최우가 "그렇다면 세부적인 계책이 무엇이냐."고 되묻자 거기까지는 미처 생각 못 한 김세충은 말문이 막혀버렸다. 결국 그는 회의를 방해한 죄로 그 자리에서 목이 달아났다.

그렇다면 상황과 분위기는 다르지만 김세충의 발언을 보고의 과정이라고 생각하고 세부적으로 한번 살펴보자.

먼저 그의 목적은 분명했다.
"강화도 천도는 반대다. 현재의 수도인 개경을 지키자."

그리고 왜 그래야 하는지도 명확했다.
"개경은 수백 년을 지켜온 대체 불능한 도읍지이다."

하지만 결정적인 한마디 질문에 막혔다.
좋다, 다 인정한다. 그럼 구체적으로 "어떻게 지킬 것인가?"

여기에 대답하지 못하자 앞의 두 가지 논리는 의미를 상실해버렸고, 자신의 목숨도 잃게 했다.
아이디어는 낼 수 있다. 명분도 찾을 수 있다. 하지만 이것을 실행할 방법이 없거나 현실성이 따라주지 않는다면 공허한 말장난으로 끝날 수 있는 것이다.

(4) 결론은 뭐야?

"아니? 여태 다 설명했는데, 결론이 뭐냐고 물으시나요?"라고 할지 모르겠다. 여기에서 말하는 결론은 보고를 받는 상사가 어떤 의사결정을 해야 하는 지를 분명히 알리는 것이다.

"목적이 어떠하고, 이것을 왜 해야 하는지 이유는 이렇고, 이런 저런 방법으로 추진할 것입니다. 결론적으로 이렇게 해주십시오." 와 같은 흐름이다.

(5) 향후 계획

이상의 모든 과정을 성공적으로 수행해서 상사에게 보고를 끝 냈다면 마무리는 향후 계획의 차례다. 아직 상세하지 못하거나 진 행 과정에서 변경될 수는 있겠지만 어떠한 일정에 따라 일을 추진 할 것인지가 나와야 한다.

향후 계획은 약방의 감초처럼, 식사 후 나오는 디저트처럼 모든 보고서에 따르는 것이므로 낯설지 않으리라 생각한다.

3) 예상 질문 뽑기(내가 상사라면 뭐가 궁금할까?)

앞에서도 계속 예상 질문의 중요성을 언급했다. 한번 생각해보 자. 하다못해 아무 기업의 홈페이지만 들어가 봐도 Q&A 게시판이 있다. 그런데 보고를 하면서 최소한의 예상 질문도 준비하지 않고 갔다가 곤욕을 치르는 사람이 의외로 많다.

담당자인 나의 의지를 관철하기 위해서는 의사결정권이 있는 상사의 다양한 질문에 답을 할 준비가 되어있어야 한다. 이를 위해 평소 상사의 성향을 잘 파악해둘 필요가 있다.

세부적인 내용보다는 큰 틀의 방향성을 중시하는 유형이 있는가 하면, 내용은 제대로 보지도 않고 오탈자만 찾고 있는 사람도 있다. 심지어는 바로 다음 장에 관련 내용이 있는데도 읽어보지도 않고 문제점을 지적하거나 내용이 누락되었다고 호통치는 사람도 있다. 정말 각양각색이다.

하지만 그들에게도 공통점이 있다. 바로 '질문'이다.

보고서를 분석하듯이 읽는 사람뿐 아니라 대충 보는 사람일지라도 그들은 궁금한 것이 있다. 그들의 궁금증을 풀어줘야 하는 것은 보고자의 의무이며 성공적인 보고의 핵심이다.

4) 위기를 벗어나는 양날의 검 '임기응변과 솔직함'

철저한 준비를 해도 때로는 생각하지도 못한 어쩔 수 없는 상황에 부딪히기도 한다. 이런 어려운 상황을 재치 있는 임기응변으로 넘어가는 사람이 있는가 하면, 솔직하게 모든 것을 있는 그대로 말했다가 오히려 난처한 입장에 처하는 사람도 있다.

사실 임기응변과 솔직함은 양날의 검이다. 당장 위기를 벗어나게 만드는 임기응변 능력이 신뢰를 잃게 만드는 경우도 있고 솔직함이 더 큰 화를 불러오는 경우도 있다.

K차장은 타고난 임기응변 능력으로 타의 추종을 불허했다.

그는 지켜보는 사람이 불안할 정도로 보고 준비도 언제나 설렁설렁 대충했다. 그리고 보고 과정에서 본래 취지에서 벗어나는 엉뚱한 얘기를 하는 경우도 자주 있었다.

하지만 상사의 돌발질문에 낯빛 하나 바꾸지 않는 거침없는 달변으로 요즘 흔히 하는 말로 손쉽게 낚곤 했다. 그런데 이런 경우가 워낙 자주 있다 보니, K차장에 대한 상사들의 신뢰도 점점 낮아졌다.

그러던 중 굉장히 중요한 사안을 임의대로 해석한 엉뚱한 보고로 문제가 생겼다. 이런 상황에서는 현란한 임기응변 능력도 빛을 잃었다. 다행히 일은 잘 수습이 되었지만, 임기응변과 달변의 아이콘이었던 K차장은 양치기 소년을 빗댄 '양치기 아저씨'로 불리고 말았다.

이와 반대로 B과장은 임기응변이나 순발력과는 거리가 먼 사람이다. 같은 사실이라고 해도 표현방식과 상황에 따라 '아' 다르고 '어' 다를 수 있다. 그런데 B과장은 안타깝게도 이런 감각이 매우 무뎠다. 거기에 말주변도 없다 보니 본의 아니게 상사에게 꾸지람을 듣는 경우가 많았다. 또 적당히 둘러댈 만한 사소한 일도 고지식하게 다 얘기하다가 난처한 경우에 빠질 때도 있었다.

가뜩이나 소심한 성격의 B과장은 어느새 더더욱 위축되어서 잘 아는 내용도 제대로 답변을 못 하거나 이해를 못 시키는 경우도 있었다. 그러나 B과장 덕분에 자칫 커질 수 있었던 문제를 미리 공론화해서 큰 피해를 막을 수 있었던 적도 있다.

솔직히 말하면, 개인적으로는 K차장의 임기응변 능력이 부럽기는 하다. 하지만 타고난 성격처럼 이 또한 원한다고 갖게 되는 것은 아니다. 또 모든 것에는 나름의 장단점이 공존한다.

K차장을 빛내주던 임기응변 능력이 결국 본인의 신뢰를 잃게 했지만, 자주 혼이 나고 오히려 일을 크게 만들었던 B과장의 솔직함이 좋은 결과를 불러오기도 했듯이 말이다.

분명한 것은 어떤 것이든 지나치면 해가 되는 것이다. "과유불급(過猶不及)"이라고 하지 않았던가. 중간을 지키고 유지하는 일은 어렵다. 그것도 정말 많이…

5) 보고도 A/S가 필요하다(진행 현황과 결과를 알려라!)

차를 사면 5년 10만km 식으로 무상 A/S기간이 있고 주기적으로 차량을 점검할 것을 알려오기도 한다. 이것은 차를 팔고 끝이 아니라 일정 기간 그 품질에 대한 책임을 지겠다는 것이다.

보고도 마찬가지다.

보고서의 A/S가 소모품을 교환하거나 리콜하는 것은 아니지만 진행 현황과 결과는 분명히 알려야 한다. 이것은 앞에서도 강조한 중간보고의 연장선상이고 굳이 제목을 붙인다면 '결론보고'라 할 것이다.

나는 이것을 보고의 A/S라고 생각한다. 상사로서도 의사결정을 한 결과가 어떻게 진행되었고 어떤 업무적 성과를 낳았는지 궁금하지 않을까? 이것은 일종의 매너이며, 자신의 업무에 책임지는 능력자의 기본자세이기도 하다.

굵고 짧게? 가늘고 길게? 롱런의 길

"가늘게 길게 가겠어."

정기승진에서 안타깝게 고배를 마신 동기가 한숨처럼 내뱉었다.

그렇다. 직장생활을 하는 우리는 시작과 함께 그 끝을 바라본다. 아무리 정년을 보장한다는 공직이라지만 그곳에도 끝은 있고, 모두가 공직자의 정년을 당연하게 받아들이지만, 그것도 생각보다 쉽지 않은 일이다.

그래서 고민한다. 물론 굵고 길게 갈 수 있다면 그보다 좋을 수는 없을 것이다. 하지만 불꽃처럼 태워서 굵고 짧게 갈 것이냐? 현실에 순응하며 가늘고 길게 갈 것인가? 정답은 사실 잘 모르겠다.

굵게 가고 싶다고 그럴 수 있는 것도 아니고, 길게 가고 싶다고 해서 맘처럼 되는 것은 아니기 때문이다.

생각해보자. 나중에 정년이 어떻게 늘어날지는 장담할 수 없지만 직장에 머물 수 있는 최대한의 기간은 만 60세까지다. 지금 직장에서 머무는 시간을 재고 있느니, 차라리 인생의 다음 2막을 차근차근 준비하는 것이 현명하다.

이전에 함께 근무했던 분의 일화를 소개하고자 한다.

그분은 관리자로 진급하지 못한 채 정년을 몇 년 앞두고 계셨다.

성품도 너그럽고 후배들에게 부담을 주지 않기 위해 무던히 애쓰시는 분이었다. 그런데 비슷한 또래 동료가 없다 보니 나름 외로움을 느끼셨던 모양이다.

어느 날 갑자기 명예퇴직을 신청했다는 소식을 들었다. 보통 명예퇴직을 할 경우에는 다른 직장을 이미 알아봤거나 사업을 한다든지 나름의 구체적인 계획이 있는데 이분은 조금 달랐다.

"수십 년 동안 한 분야에서 일했고 이제는 지겹네. 아내와 전국 골프장을 돌며 골프나 치고 즐겁게 살 생각이야. 집 근처에서 새 직장을 구하면 더 좋고."

그리고 그분이 퇴직한 후 얼마 지나지 않아 소식을 듣게 되었다. 아무리 즐거운 놀이라고 해도 이른바 까만 날(평일)에 일하고 파란 날, 빨간 날인 휴일에 놀아야 재미있는 법이다. 주말에 짬짬이 칠 때는 그리도 재미있던 골프를 한 달 내 치니 이내 싫증이 나셨던 모양이다.

거기에 현직에 있는 동안 이렇다 할 커리어 관리도 안 했다 보니, 기대수준에 맞는 직장 구하기도 쉽지 않았다. 어느 날은 다급하게 업무와 관련한 자료를 요청했으나 이미 그분은 외부 사람이었다.

아무리 사소한 것이라 해도 내부정보나 자료를 함부로 줄 수는 없는 노릇이다.

결국 그분의 퇴직 후 라이프는 해피엔딩이 되지는 못했다. 다행히 나쁘지 않은 조건의 직장을 구했지만 장거리 출퇴근을 하고 공직에 있을 때보다 낮은 급여를 감수할 수밖에 없었다.

수십 년 간, 한 직장에 몸담아 열심히 일했지만 굵게 가지도 길게 가지도 못한 어중간한 입장이 되어버린 것이다.

사람마다 자신이 추구하는 바가 다르다.

어떤 이는 사생활을 포기하고 어디선가 누군가에 무슨 일이 생기면 달려가는 만화영화 주제가처럼 상사가 참석하는 술자리를 배회하는 사람도 있다. 또 어떤 이는 몸은 이곳에 있지만 마음은 조건이 더 좋다는 다른 직장이나 전문직을 꿈꾼다.

이를 위해 구체적인 준비를 하고 실행에 옮기는 사람도 있지만 그냥 막연한 꿈으로 이도 저도 아닌 상태로 시간을 허비하는 사람도 있다. 이미 알겠지만 인생의 모든 것은 공평하지 않다.

내가 굵게 갔다고 대신 짧아지는 것이 아니고, 가늘게 간다고 길어지는 것이 아니다. 오히려 굵은 자가 길게도 간다. 자신의 잠재력을 깨우고, 지나간 시간에 최소한 후회는 남기지 않는다는 각오로 한 걸음씩 더 나아가는 것이 정답이라 생각한다.

삶은 더 하기 빼기가 아니다. 오히려 가진 자가 더 갖는 것이 사회의 속성이다. 그리고 정말 다른 곳에 뜻이 있다면, 흐지부지하지 말고 실행하라. 그런 망설임은 급여와 온갖 복지혜택을 제공하는 자신이 몸담은 조직에 대한 배신이고 동료들에 대한 모욕이다.

무엇보다 스스로를 이도 저도 아닌 상태로 남게 만들어 자신이 가장 큰 피해자가 되는 것이다.

5장

공부하고
발전하라

1.

현상유지는
정체가 아닌 퇴보

직장인들은 흔히 말한다. "현상 유지만 하고 중간만 가겠다." 사실 이런 말은 최상위에 군림할 수 있는 능력자나 할 수 있는 교만이다. 기껏 현상 유지와 중간이 목표인 사람이 할 수 있는 소리가 아니다. 1등을 하겠다는 마음으로 달려야 최소한 중간이라도 할 수 있는 것이다.

공교롭게도 이 말은 입대를 앞둔 내게 동생이 한 말이다. 선착순 달리기가 지금은 가혹행위로 분류되어 금지된 것으로 알지만 당시 군대에서 흔히 행해지던 얼차려였다. 달리기가 느린 사람에게는 끔찍한 형벌이 아닐 수 없다. 선착순 달리기를 하게 되면 중간만 하겠다고 말하자 동생은 "형은 달리기가 빠르지 않으니까 1등을 하겠다는 각오로 달려야 중간은 할 수 있을 거야."라고 하는 것이다.

무시당하는 것 같아서 기분이 좀 나빴지만 그것은 사실이었다.

훈련소 시절부터 나는 1등을 목표로 달려서야 간신히 중간을 유지할 수 있었다. 그리고 자대에서 상관이었던 최○○ 중사님이 했던 말도 잊히지 않는다. 그분은 사단을 대표하는 특등사수였다. 한번은 사격에 관한 이야기를 하다가 자신의 사격지론을 이렇게 설명한 적이 있다.

"10발 중 8발만 맞추면 합격이라고 하면, 대부분은 8발만 맞출 생각을 한다. 하지만 그런 생각으로는 절대 8발조차 맞출 수 없다. 언제나 10발 모두를 명중시키겠다는 각오로 임해야 8발이라도 맞출 수 있다."

이 말을 들었던 당시에도 공감했지만, 시간이 갈수록 더욱 실감하게 되는 명언이다. 공직사회는 아무래도 사기업보다 경쟁이 그래도 덜한 것은 사실이다. 모든 것을 포기해버리고 괴도 루팡처럼 월급을 도둑질하듯 살아가는 '월급 루팡'이 될 것을 다짐하면, 그것도 나름 가능한 구조이기도 하다. 그러다 보니 중간만 가자는 말이 나온다.

경력이 오래된 사람들, 흔히 말하는 '고인 물'이라면 그런 말을 해도 한편으로 이해가 간다. 하지만 이제 막 공직생활을 시작하는 사람마저 이런 마인드를 갖고 있다면 스스로를 파괴하는 일이다.

물론 세상은 변했다. 누구도 조직을 위해 개인의 희생을 강요할 수도 없고 기대하기도 어렵다. 또한 어느 때는 개인의 노력과 열정이라는 것의 가치를 다시 생각하게 만드는 황당한 경우도 벌어지는 곳이 직장이다. 이것은 공직이나 사기업이나 마찬가지다.

그래도 허울 좋은 현상 유지는 정체도 되지 못하는 퇴보일 뿐이라는 것을 생각해야 한다. 새로운 것을 계속 익히고 발전하겠다는 각오로 임해야 최소한 퇴보를 면할 수 있다.

학창 시절 수업 시간을 떠올려보자. 수업을 가장 즐겁게 받는 방법은 몰입하는 것이다. 반면, 딴청 피우고 다른 짓을 한다고 즐겁지 않다. 시간도 가지 않을뿐더러 자신이 한심하게 느껴진다.

우리는 본능적으로 자아실현을 추구하고 타인으로부터 인정받고 싶어 하는 인간이다. 매슬로우(Abraham Maslow)가 정리한 욕구 5단계의 최정점은 '자아실현'이다. 영향력 없는 주변인으로 투명인간 취급받으며 무위도식하는 삶이 즐겁기만 할까?

기왕이면 주인공이 되는 삶을 살기 위해 노력하자.

교육 기회는
놓치지 말자

프로페셔널의 시대다. 불과 수년 전만 해도 궁금한 것이 있으면 검색을 했지만 이제는 유튜브를 먼저 찾아본다. 그러면 어김없이 정성스럽게 정리한 수많은 정보가 동영상으로 올라와 있다.

넘쳐나는 지식의 향연을 보면 옛날 초등학교 담임선생님이 입버릇처럼 하시던 한마디가 떠오른다.

"배워서 남 주니?"

이전에는 직장 내 교육의 이미지가 그냥 쉬다오는 힐링 타임처럼 여겨졌다. 더 심하게는 할 일 없는 사람이나 가는 것이지. 부서의 핵심 업무를 맡은 바쁜 사람은 그런 한가한데 쓸 시간이 없다는 분위기가 만연했던 적도 있다.(정말 옛날이야기다.)

지금은 이러한 인식이 정말 많이 달라졌다. 개인이나 부서평가를 위해 매년 소정의 교육 시간을 채워야 하고, 내가 일하는 기관만 해도 정해진 직무교육을 이수하지 못하면 승진에서 배제가 될 정도다.

그래도 이러한 의무교육을 제외한 교육의 참여는 뭐라 하는 사람이 없어도 눈치를 보게 된다. 그럼에도 불구하고 교육 기회는 가능한 놓치지 말기 바란다. 물론 교육을 사무실을 떠나 머리를 식히는 일로만 생각하면 답이 없다.

교육은 새로운 지식을 쌓고 다양한 사람들과 교류하며 자신을 돌아보고 재충전할 수 있는 소중한 기회다.

또한 학위과정을 포함해 대부분의 교육은 사비를 들이기에는 부담스러울 정도로 고가다. 이런 값비싼 배움의 기회를 얻을 수 있고 때에 따라 출장비도 지급받는다. 그만큼 투자하는 것은 개인의 역량 강화가 곧 조직의 역량 강화로 이어진다는 반증이다.

나의 경우, 연간 교육계획을 살펴 양질의 교육과정을 눈여겨본다. 그리고 공고가 뜨면 적극적으로 신청한다.

교육과 관련해서는 나만의 원칙을 세웠다. "업무에 지장을 주지 않으며, 모든 교육평가는 1등이나 만점을 받는다." 그리고 거의 모든 교육에서 나는 이 원칙을 지켜왔다.

물론 의무적으로 이수하는 교육도 마지못해 참석하거나 시간 때우기로 생각한 적은 없다.

나의 전문성을 높이는 소중한 기회라고 생각하면 모든 게 즐겁다. 좋은 교육이라면 매 주말을 투자하는 것도 마다하지 않았다. 이런 교육은 부서업무에도 지장을 거의 주지 않을뿐더러 신청자도 많지 않기 때문이다. 또 지식을 쌓는 것 이상의 소득은 나와는 다른 분야에서 종사하는 사람들과 교류하고 경쟁할 수 있다는 것이다.

　　"우물 안 개구리"라는 말처럼 한 분야에만 오래 머물면 필연적으로 보는 시야가 좁아지고 사고가 편협해진다.
　　교육은 이런 좁은 시야를 넓히고 선의의 경쟁을 통해 개인의 발전을 도모할 기회를 준다. 높아진 개인역량과 경쟁력은 곧 조직의 역량과 경쟁력으로 이어진다. 한마디로 조직과 개인이 함께 'Win-Win'하는 것이다. 하다못해 내가 배운 지식을 써먹을 기회를 얻지 못한다 하더라도, 이미 내 것이 된 지식과 경험은 어디로 가는 것이 아니다.

　　나의 소중한 '자산'이 되는 것이다.

3.
나만의 브랜드를
만들라

"이 보고서 차장님이 쓴 거 맞죠?"

평소 친하게 지내는 J차장이 싱긋 웃더니 대뜸 보고서 한 부를 내밀며 묻는 것이다. 살펴보니 내가 쓴 보고서가 맞다.

"네. 맞는데요."

"크크. 그럴 줄 알았다니까. 보고서를 딱 보니 차장님의 스멜이 느껴지더라고요. 이번에 ○○건 기획(안) 작성하면서 잘 참고하고 있어요."

약간 당황스럽기도 했지만 기분 좋은 대화였다. 내가 작성한 결과물이 누군가의 업무에 참고가 되고 도움이 된다는 사실도 뿌듯

했지만, 나를 아는 사람이라면 금방 알아챌 수 있는 나만의 브랜드가 만들어졌다는 생각이 들어서였다.

모든 제품에는 브랜드가 있다. 우리는 브랜드만 보고도 그 제품을 신뢰한다. 이 때문에 기업은 브랜드를 만들고 인식시키기 위해 최선을 다한다. 그래서 기업의 가치를 곧 브랜드 가치로 평가하는 것이다.

물론 보고서에도 브랜드가 있다. 대충 읽어만 봐도 누가 썼는지를 짐작할 수 있는 것이 브랜드이며, 신뢰의 근간이 된다.

누구나 알 수 있고 믿을 수 있는 나만의 브랜드를 만들어보자.

그런 생각을 하고 나면 작은 일 하나라도 소홀하지 않게 된다. 나만의 브랜드를 만들어가는 과정 자체가 개인의 한 차원 높은 발전의 과정이 된다.

떠날 것인가?
남을 것인가?

이런 고민을 하게 되는 원인은 상사와의 갈등이 가장 크고 다음으로 동료와의 갈등과 적성에 맞지 않는 업무에서 비롯된다. 이중 매일 마주치고 결재를 올리고 보고를 해야 하는 상사와의 갈등은 곤혹스럽기 짝이 없는 것이다.

혹시 이런 고민을 하고 있을지 모를 사람을 위해 나의 경험을 이야기하고자 한다. 나라고 해서 모든 사람과 잘 지낸 것은 아니다. 동료들과의 마찰은 거의 없었다고 해도 무방하지만, 몇 번인가 상사와의 마찰로 어려움을 겪은 일이 있다.

나는 그동안 까칠하고 무섭기로 유명한 레전드급 상사들을 여러 번 만났다. 하지만 그분들은 하나같이 나를 높이 평가했고 혼나는 일은 거의 없었다. 오히려 자주 칭찬을 들었고 덕분에 재미있게 지낼 수 있었다.

그런데 정말 이상하게도, 사람 좋기로 소문난 상사와 만났을 때 마찰을 겪은 경험이 있다. 원인을 짐작해본다면 먼저 이런 분들의 경우, 흔히 말하는 멘탈이 약한 경우를 많이 본다.

부서 업무가 원활하게 돌아갈 때는 정말 좋은 사람이지만, 자신이 어려움에 처해 이른바 멘탈이 나가면서 신경질적으로 돌변하곤 한다.

부하직원 입장에서도 원래 그런 사람이면 "또 시작이네."라고 대수롭지 않게 넘길 수도 있다. 하지만 친절하고 사람 좋던 상사가 어느 날부터 말도 안 되는 트집을 잡고 짜증을 내면 배신감마저 느끼게 되어 더 힘들다. 그리고 속도 모르는 사람들은 그 원인을 힘없는 당신에게서 찾기도 한다. "네가 오죽하면 저 사람 좋은 ○○부장이 저러겠어?" 식으로 말이다.

나의 경우에도 정말 어려웠다. 상사와 마찰이 생기면 피해는 고스란히 힘없는 사람의 몫이다. 물론 누구나 자신의 입장에서 상황을 해석하고 자신이 옳다고 여기니, 선과 악을 가르는 것은 무의미할 수 있다. 동료들은 억울한 상황은 우리가 잘 알고 있으니 견뎌야 하지 않겠냐고 위로했다. 그러나 즐거워야 할 일터가 하루하루 지옥처럼 느껴지고 보이지 않는 손이 목이라도 조르는 듯한 고통은 겪어보지 않은 사람은 쉽게 이해하기 어려운 아픔이다.

당시 얼마나 답답했는지 해결 방법을 찾고 싶어서 직장 생활의 처세를 다룬 책들을 찾아봤다. 어느 책에 내가 겪고 있는 상황과 흡사한 고민을 다룬 내용이 있기에 해당 페이지를 급하게 찾아 넘겼다. 지금 생각하면 우습지만, 당시 나는 그만큼 절박하고 힘들었다.

그런데 "허걱……."
기껏 해준다는 조언이 보기 싫은 사람에게 먼저 다가가 상냥하게 대화하고 "오늘은 넥타이가 멋있네요."라며 작은 것이라도 찾아서 칭찬해주라는 것이었다. 그리고 저 멀리 안드로메다 행성에서

나 통할지 모르는 쓸데없는 얘기들이 이어졌다.

사무실에 함께 있는 것만으로도 숨이 막힐 지경인데, 그런 이중적인 행동이 가능하단 말인가? 그런 것이 가능했다면 애당초 고민거리도 아니다. 성인(聖人)의 반열에 오른 사람이라면 가능할지도 모르겠다. 하지만 나 같은 보통 사람은 할 수도 없는 현실성 없는 것을 조언이라고 써놓은 것을 보며 화가 났다. 나는 정말 절박한데, 책으로 장난치는 사람도 있구나 싶었던 것이 나의 심정이었다.

이 책에 '능력자의 처세 꿀팁'을 넣은 이유가 사실은 이 때문이다. 나의 경험과 솔직한 조언이 누군가 지금 겪고 있을 말 못 할 고민의 해결을 위한 실마리라도 되었으면 한다.

이런저런 불편한 사유로 부서를 떠날지, 말지? 고민에 빠져있다면, 다음의 다섯 가지 질문을 자신에게 던져보라. 그리고 솔직하게 답해보라!

① 지금 부서에서 하는 업무가 내가 진정 원하는 일인가?

② 현재 겪는 어려움을 배움의 과정으로 이해할 수 있는 것인가?

③ 문제의 원인이 업무 때문인가? 인간관계 때문인가?

④ 이 과정을 거쳐 전문성을 갖출 수 있는가?

⑤ 모든 것을 떠나 지금의 고난이 참을만한 가치가 있는 것인가?

내 경우를 솔직하게 말하겠다. 내가 겪은 몇 번의 상황은 시기와 환경이 전혀 다름에도 매우 유사한 공통점이 있었다.

먼저 ①번, 나는 당시 승진에 유리하다는 판단에 해당 부서에 있던 상황이었다. 하지만 원하는 일도 아니었고 적성에 맞지도 않았다.

다음 ②번, 모든 것은 배움이라 할 수 있지만 새로운 것을 시도하려는 나와 이전 방식을 고수하려는 상사 사이에서 마찰이 시작되었다. 구태의연한 이전 방식의 답습은 배움의 과정으로 받아들일 수 없었다.

③번, 인간관계 때문이다.

④번, 전문성과는 거리가 멀었다.

⑤번, 참을만한 가치가 없다.

나는 과감하게 다음 정기인사에서 인사이동을 신청했다. 곧이어 회유와 화해의 손길이 계속 있었다. 동료들도 "네가 잘못한 게 없는데 왜 떠나느냐? 눈 딱 감고 견뎌라."는 조언이 대부분이었다. 하지만 나는 이상의 다섯 가지 질문을 나에게 던진 결과 결심을 굳혔다.

결론부터 말하면 "피하는 것도 최선의 방법 일 수 있다."는 것이다. 물론 안정적인 미래가 보이는 곳에서 미지의 곳으로 떠나는 것은 모험이다. 흔히 "쓰레기차 피하려다 똥차 만난다."는 말처럼 더 안 좋은 상황을 겪을 가능성도 있다.

그렇기 때문에 자신에게 솔직해져야 한다. 그런 리스크에 대한 극복 의지와 결심이 있어야 한다. 나는 다행히도 새롭게 떠난 곳에서 좋은 기회를 맞이했다. 훌륭한 상사와 동료들을 만났으며 이전에 경험하지 못했던 다양한 업무와 지식을 익히고 터득했다.

한 시대를 주름잡았던 몽골족, 여진족과 같은 초원의 민족들은 전투상황에 따라 도망치는 것을 부끄러워하지 않았다고 한다. 전투 중 유리한 상황이면 끝도 없이 몰아치지만, 패전이 확실하면 그대로 후퇴하여 세력을 보존한 후 훗날을 도모했다고 한다.

이러한 유연함은 그들이 중원의 전통왕조들을 무너뜨리고 대제국을 건설한 원동력이기도 하다. 어려움에 부딪혔을 때 냉정하게 현실을 파악하고 여의치 않을 때 피하는 것은 창피한 일이 아니다.

오죽하면 유명한 병법서 『삼십육계(三十六計)』의 마지막이 "주위상계(走爲上計): 질 것 같으면 도망치는 것이 최고의 전략"이겠는가?

어려움을 만났을 때 임전무퇴(臨戰無退)만을 외치는 것이 반드시 현명한 것은 아니다. 작전상 후퇴라는 말처럼 잠시 후퇴해서 전열을 가다듬는 것도 현명하다.

그렇다고 힘들고 어려우면 무턱대고 피하고 도망치라는 의미가 아님을 잘 알 것이다. 이는 "이보 전진을 위한 일보 후퇴"이며, "승리를 위한 작전상 후퇴"임을 명심해야 한다.

그래서 다섯 가지 질문을 자신에게 던져보라는 것이다. "고생 끝에 낙이 온다."는 속담도 있지만 고생도 고생 나름이다. 가치 있는 고생, 나에게 피가 되고 살이 될 수 있는 유의미한 고생을 해야 한다. 그런 고생이라면 사서 할 가치가 있다.

그게 아니라면 당신의 몸과 정신을 좀먹고 피폐하게 만드는 독이 될 뿐이다.

6장

일 잘하는 능력자의
업무 방식

1.

트래쉬 워크를 줄이고,
숫자를 외어라

보고서 쓰는 것만 일이 아니다. 우리가 보고서를 잘 쓰려는 목적이 무엇인가? 바로 직장에서 인정받고 일 잘하는 사람이 되는 것, 소위 능력자가 되고 싶은 것 아닌가?

이번 장에서는 일 잘하는 직장인의 업무수행 방식에 관해 이야기해 보겠다. 언제나 그렇듯 특별한 것은 없다. 누구나 알만한 내용이다.

다만 실천을 못 할 뿐이지.

'트래쉬 워크(Trash work)', 쓰레기나 잡동사니를 뜻하는 트래쉬(Trash)와 일(Work)을 조합해서 만들어 본 말이다.

즉, 직장에서 나를 좀먹고 지치게 만드는 짜증 나고 귀찮지만 해봤자 아무런 빛도 안 나는 쓰레기, 잡동사니 같은 업무들을 의미한다. 물론 직장에서 쓸모없는 일은 없다. 아무리 구질구질해도 누군가는 해야 할 일이다.(그 누군가가 내가 되었을 때는 문제지만.)

만일 정말 열심히 일했는데도 인정받지 못하고 스스로 돌아봐도 하루 종일 또는 한 달 내내, 일 년 내내 뭘 했는지 모르겠다면, 트래쉬 워크의 늪에 빠진 것이다.

영양가 있는 핵심 업무든 아니면 쓸데없는 잡무든 어차피 시간과 에너지가 소모된다. 마치 자동차가 비포장도로를 달리거나 고속도로를 달리거나 양의 문제일 뿐 변함없이 연료가 소모되듯 말이다.

일 잘하는 직장인, 즉 능력자는 이것의 구분을 잘하여 한정된 시간과 에너지의 선택과 집중을 잘하는 사람이다.

구글에서 'Trash work'라고 검색하면 커다란 쓰레기차로 쓰레기통을 비우며 청소하는 사진들이 수두룩하게 올라온다. 내가 말하고 싶은 의도를 그대로 보여준다.

트래쉬 워크는 "분류하고, 정리하고, 모아서, 한 번에 처리"해야 한다. 마치 쓰레기를 처리하듯이 말이다. 트래쉬 워크의 늪에서 빠져나오기 위해서 가장 먼저 할 일은 '분류'다. 내가 하는 업무를 핵심 업무 위주로 분류를 해서 그중 트래쉬 워크를 찾아내는 것이다. 분류하여 찾아낸 트래쉬 워크는 종류별, 시기별로 '정리'한다.

분류해서 정리한 트래쉬 워크는 구분하여 '모은다'. 그리고 정리해서 모은 트래쉬 워크를 정해진 시간 또는 일자에 '한 번에 처리' 해버리는 것이다.(예를 들어 부서 업무비 신청은 화요일, 공용휴대폰 비용 청구는 매월 말일 14시까지 식으로 말이다.)

이렇게 해서 핵심 업무에 집중할 수 있는 시간과 에너지를 확보할 수 있다. 트래쉬 워크가 당신을 자근자근 좀먹게 내버려 두어서는 안 된다. 그런데 뭐가 트래쉬 워크인지도 모르겠다는 사람도 있을 것이다. 그런 사람들을 위해 다음의 판단기준을 제시한다.

Yes가 4개 이상이라면 트래쉬 워크로 봐도 무방하다.

■ 트래쉬 워크 판단기준(YES 4개 이상이면 트래쉬 워크)

번호	판단기준	YES	NO
1	내가 아니어도 누구나 할 수 있는 업무다.		
2	원래 부서의 막내가 하는 일이다.		
3	이 업무를 잘한다고 칭찬받을 일은 없다.		
4	이 업무를 맡고 싶어 하는 사람은 없다.		
5	반복적이고 기계적인 일이다.		
6	나는 이 일을 하는 것이 짜증난다.		
7	이 업무를 쓸데없는 짓이라고 하는 사람이 있다.		

그리고 능력자가 되기 위해서는 숫자에 민감해야 한다.

수학을 잘하라는 뜻이 아니다. 다른 직장도 그렇겠지만, 특히 나랏일을 하는 공직에서는 숫자로 설명하지 못하는 것은 모르는 것이라고 할 수 있다.

직장 내 성공학을 다룬 책들을 보면, 능력 있는 직원일수록 그리고 관리자가 될수록 숫자 감각, 특히 회계지식의 중요성을 강조한다.

"어. 저는 부서 막내니까 굳이 몰라도 되겠네요?"라고 할 사람은 없기 바란다. 신입으로 들어온 당신이 부서의 막내인지는 모르겠으나, 업무 담당자라면 그 업무의 일차적인 책임자가 되는 것이다.

그러므로 자신이 담당하고 있는 업무의 중요한 수치는 잘 정리하여 익혀두어야 한다.

예를 들어, 당신이 ○○사업의 공사업무를 담당한다고 가정하면 "○○사업의 사업 기간은 2020~2025년, 총사업비는 1조 8,320억 원으로 공사구간은 12km, 총 3개 공구에 15개 계약 건, 20개 업체가 참여"식으로 중요한 내용을 숫자로 정리해야 한다.

마치 영화《기생충》에서 제시카(박소담 분)가《독도는 우리 땅》을 개사해서 "제시카~ 외동딸~ 일리노이~ 시카고~ 과선배는 김진모, 그는 니 사촌~"처럼 중요한 내용을 외우는 것이다.

그리고 회계지식까지는 몰라도, 사무직이든 기술직이든 관계없이 예산에 대한 최소한의 지식과 절차는 반드시 알아야 한다.

대단히 어려운 것도 없다. 매년 배포되는 예산지침서와 업무 매뉴얼만 관심 있게 읽어봐도 중요한 내용은 쉽게 이해할 수 있다.

문제는 대부분의 사람이 그 정도 노력도 하지 않는다는 데 있다.

나는 안타깝게도 숫자를 잘 외우지 못한다. 그래서 중요한 내용을 숫자로 정리해 책상 주변에 붙여두고 늘 눈으로 익힌다. 그것도 모자라서, 조그맣게 프린트한 종이를 지갑에 넣고 다니며 수시로 확인하는 습관을 들였다. 머리가 나쁘니 손발이라도 바쁘게 움직여 만회해보려는 것이다.

2.
정리가 그대를
자유롭게 하리라

"일을 편하게 하는 정리의 법칙"

요즘 '공간 크레이터'라던가 다른 유사한 이름으로 불리는 신규 업종이 주목받고 있다. 그들은 정리되지 않은 방과 사무실 등 다양한 공간을 깔끔하고 효율적으로 정리정돈 하는 전문가들이다.

어쩌면 생활에서 가장 기본이 되는 정리정돈을 전문적으로 해주는 직업이 나타났다는 것은 그만큼 정리에 어려움을 겪는 사람들이 많기 때문일 것이다.

나는 3남매로 두 명의 동생이 있다. 여동생은 어릴 적부터 방안의 모든 물건을 흐트러짐 없이 정리하길 좋아했다. 마치 해병대 관물대를 연상시킬 정도로 모든 것이 각을 잡아 정리되어 있었다.

이에 반해 남동생은 정반대로 그런 것을 싫어했다.(혼돈 속에 질서와 평화가 있다는 이유로…)

이처럼 개인 성향이 다르므로 집과 같은 개인 공간에서는 자신에게 편한 생활방식을 존중받아야 할 것이다. 하지만 직장에서는 다른 문제이다.

직장에서 '정리'는 곧 효율성을 의미한다.

책상이 어지럽고 정리정돈이 안 된 사람치고 효율적으로 업무 처리를 하는 경우를 아직 보지 못했다. 또한 업무 효율이 높다는 것의 또 다른 의미는 시간 관리가 된다는 것이다.

이 책을 읽는 여러분은 별것 아닌 일을 엿가락처럼 늘려 적당히 시간을 때우겠다는 사람은 아닐 것이다. 잊지 말자! 시간 관리는 개인의 중요한 업무역량이며, 인생의 낭비 요소를 줄이는 최고의 생활방식이다.

그리고 정리의 기본은 '버리는 것'이다.

시효가 지나버린 문서, 쓸모없는 메모, 몇 년이 지나도 펼쳐보지 않는 보고서나 책자 등 왠지 버리기는 아까운 것들을 효과적으로 처리하는 것이 정리의 시작이다. 이번에는 내가 실제로 활용하는 방법을 소개하고자 한다.

1) 서류함 1개로 해결하는 일 처리 노하우

다음 사진은 내가 사무실에서 실제로 사용하는 서류함이다. 대형마트에서 할인 판매 하던 것을 큰맘 먹고 사 온 것인데, 10년 넘도록 너무나 요긴하게 잘 사용하고 있다. 사무실에서 나의 트레이드마크와도 같고 호시탐탐 눈독 들이는 동료들도 많다.

나는 이 서류함을 '완결, 미결, 진행 중, 보완, 보류, 참고, 개인'의 7가지 카테고리로 분류해서 서랍별로 관리한다.

먼저 '완결'은 완결된 업무를 의미한다. 조치가 끝난 문서에 빨간 펜으로 완결이라 적고 이 서랍 안에 넣어 둔다.

'미결'은 아직 손을 대지 못한 업무, '진행 중'은 착수했으나 완료되지 않은 업무다.

'보완'은 추가적인 수정/보완이 필요한 것들이며, '보류'는 착수 여부에 대한 검토가 필요한 것이다. 이외 업무 관련 참고자료와 개인적인 자료로 구분을 한다.

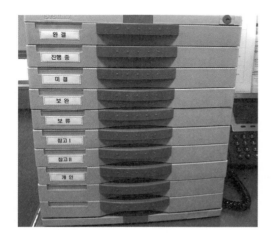

이 서류함 하나만으로 내가 처리하는 업무 전체를 관리할 수 있으며, 필요한 자료를 쉽게 찾을 수 있다. 당연히 완료된 것은 과감하게 폐기하여 새로운 일거리로 채우고 다시 비우는 일을 반복한다.

만일 서류함이 부담스럽다면, 문구점이나 잡화점에서 흔히 파는 플라스틱 투명 폴더를 3개 사서 '완료, 진행, 미결'로 구분하여 활용해도 된다. 단돈 몇천 원의 투자로 업무 효율이 엄청나게 향상되는 효과를 볼 수 있다.

현대그룹 창업자 故정주영 회장이 젊은 시절 쌀가게 배달원으로 일할 때다. 쌀가게는 제법 큰 규모여서 쌀이며 잡곡 등 각종 곡물이 창고에 언제나 가득했다고 한다.

문제는 이 수많은 곡물이 정리되지 않은 채 뒤섞여 있어서 재고 관리나 출납이 어려웠다. 이전부터 일하던 사람들은 이런 불편이 습관이 되다 보니 개선할 의지조차 없었다.

그래서 정 회장 혼자 모든 곡물을 종류별로 분류하고 일목요연하게 정리했다고 한다. 간단한 정리만으로 업무의 효율성이 몇 배로 뛴 것은 물론이다. 그 덕에 정주영 회장의 비범함을 알아본 쌀집 주인의 도움으로 자신의 사업을 시작할 수 있었다.

나에게는 이 서류함이 바로 그런 정리의 일환이다. 생활에 지대한 영향을 미치는 것들은 사실 우리가 별것 아니라 생각하는 것들에서 비롯되는 경우가 많다.

별것 아니라 생각한 나쁜 습관이 인생을 무너뜨리고, 별것 아닌 작은 실천이 기대하지 않은 큰 발전을 불러오기도 하는 것이다.

2) 업무능률을 올리는 폴더와 파일 관리 방법

다음으로 가장 빈번하게 마주치는 컴퓨터 폴더와 파일 관리 방법에 대해 알아보자. 모두 나름대로 자신의 방식과 기준에 따라 관리를 하고 있을 것이다.

쏟아지는 일거리와 넘치는 자료를 처리하다 보면, 이 폴더와 파일 관리도 만만찮은 일이 된다. 그러다 보면 거의 방치하다시피 파일과 폴더를 한곳에 몰아넣거나 뒤죽박죽되는 경우가 허다하다.

이번에 소개하는 방법은 아주 간단하지만, 그 효과는 탁월하다. 사람에 따라 "겨우 이런 거야?"라고 할지도 모르지만 의외로 실천하는 사람은 별로 없다.

다음은 실제 나의 PC에 정리된 폴더의 모습이다.

나는 내가 정한 일련의 번호체계에 따라 15개 전후의 폴더를 만들어 관리한다. 20개 이상이 넘어가면 그 자체로도 관리하기에 방대하기 때문이다.

먼저 나의 업무분장과 실제 업무 내용에 따라 업무를 나열한다. 그리고 그 빈도와 중요도에 따라 넘버링을 해서 폴더에 번호를 부여하고 폴더 제목에 따라 파일을 저장하여 관리한다.

부서를 옮길 때도 마찬가지다. 인계인수를 받으면 업무분장에 따라 나의 업무를 세분화하여 번호를 부여한 폴더를 생성하고 인계인수한 자료를 재분류한다.

이런 식으로 나만의 독특하고 일관된 업무체계를 확립하는 것이다. 폴더 내 파일들은 다음의 기준에 따라 파일명을 달리하여 관리한다.

❶ 주기적으로 진행하는 업무는 '파일 앞에 날짜'를 적어 순서대로 정렬한다.(예시: 211215_확대경영회의 자료)

❷ 주기적인 일이 아닌 경우, '키워드를 앞에' 두어 파일명을 적는다.(예시: 00부 장관회의_세종시_211215)

❸ 보고 자료는 형식과 성격에 따라 별도로 분류한다.(예시: 요약보고, 업무계획보고, 기안문 등등)

처음에는 그때그때 정리하는 것 자체가 귀찮을 수 있지만, 습관이 되면 정리되지 않은 파일이나 폴더를 보면 정리하고 싶어 견디기 어렵게 될 것이다.

"별것 없는데? 이런 것으로 업무 능률이 오른다고?" 반문하는 사람도 있을 것이다. 맞다! 별것 없다. 이런 별것도 아닌 것을 실천하지 않으니까 문제인 것이고, 원래 효과적인 비결일수록 알고 나면 정말 별게 없다.

요리연구가 백종원 씨는 방송을 통해 집밥을 맛있게 만드는 다양한 레시피와 비법을 소개한다.(우리 아버지는 그 레시피를 배워 요리하시는 게 취미다.) 알고 보면 그 비법들도 그리 대단한 것은 없다. 그러나 그 작은 차이와 별것 아닌 것이 음식의 맛과 질을 바꿔 놓는 것이다.

자신의 PC에 보관한 각종 폴더와 파일을 한 번 살펴보자.

정리가 제대로 되어있는가? 정리가 되어있지 않다면, 그리고 일관성 있는 체계가 없다면 지금 당장 시도해보기 바란다.

당신의 능력을 좀먹는 것은 '미루는 습관'과 "어떻게든 되겠지." 하는 안일한 생각에서 비롯된다.

3.
가만히 있는 당신을
알아 줄 사람은 없다

1) 오른 손이 하는 일을 왼발 뒤꿈치도 알게

옛날 선비들이 쓴 저서를 보면 "재주를 감추고 남이 알아줄 때를 기다리라."는 말이 자주 나온다.

그 시대에 살아보지 않았으니 모르지만 당시에는 통하는 말이었나 보다. 하지만 단언한다. 21세기를 사는 당신은 자신을 홍보해야 한다. 그렇다고 자기 자랑을 자기 입으로 떠들고 다니는 것처럼 꼴불견도 없고 자칫 관종으로 취급받아 놀림거리가 될 수 있다.

그러므로 나의 홍보를 위해서는 '주변인'을 활용해야 한다.

여기에서 주변인은 부모님이 아니다. 상사와 동료들을 말한다. 그들의 입에서 칭찬이 나오고 홍보가 되도록 해야 한다. 그리고 나쁜 것이든 좋은 것이던 소문이라는 것은 사람의 입을 거칠수록 확대 재생산되기 마련이다.

오른손이 하는 것을 왼손이 모르게 할 것이 아니라, 오른손이 하는 일을 왼쪽 발뒤꿈치도 알게 해야 한다.

나에 대한 진정한 평가는 나 스스로가 내리는 평가가 아니다. 남들이 해주는 것이기 때문이다. 고흐와 같은 천재 화가도 생전에는 남들의 좋은 평가를 못 받았기 때문에 가난과 외로움 속에서 생애를 마감했다는 사실을 잊지 말자.

남들이 맡기 주저하는 일이 있다면 과감하게 도전해보자. 또는 사내에 이름을 알릴만한 경진대회나 발표, 프레젠테이션 기회가 있다면 못이기는 척 손을 들고 나서보자. 스타는 가만히 있어서 되는 것이 아니다.

2) 책상은 제 2의 얼굴

능력자로 보이고 싶은가? 책상 정리부터 잘해라.

계속 정리만 말한다 싶겠지만, '책상은 제 2의 얼굴'이라 할 수 있다. 어떤 이의 책상은 혼돈 그 자체로 도대체 이런 책상에서 어떻게 업무가 가능한지 궁금한 경우도 있다. 심지어 지급받은 계절별 근무복과 점퍼를 책상과 의자에 몇 겹으로 걸쳐놓고 1년 내내 지내는 사람도 봤다.

이에 반해 어떤 사람의 책상은 언제나 간결하고 깔끔하게 정리가 되어있다. 그 직원이 누구인지 몰라도 호의적인 생각이 드는 것은 본능이다.

물론 책상이 깨끗하게 정리되었다고 반드시 업무능력과 연결되는 것은 아니다. 그럼에도 내가 굳이 책상을 '제 2의 얼굴'로 부른 것은 당신의 책상이 곧 당신의 이미지가 될 수 있기 때문이다.

내가 아는 능력자들의 책상 위는 대부분 깨끗하다. 업무할 때는 지저분할지 몰라도 퇴근 후 그들의 책상 위는 언제나 깔끔하게 정리되어 있다. 하나를 보면 열을 알 수 있는 것이다.

스스로 자유분방한 예술가 스타일이어서 지저분한 게 편한 사람이라도 자신의 이미지 관리를 위해서 책상 정리를 해보자.

왜냐고? 당신과 관련해 좋은 이미지를 만드는 것이 그만큼 중요하기 때문이다. 당신이 아무리 구속받지 않는 자유로운 영혼이라 해도 최소한 출근 전에 세수는 하지 않는가?

"선동은 문장 한 줄로도 가능하지만 그것을 반박하려면 수십 장의 문서와 증거가 필요하고 그것을 반박할 때면 사람들은 이미 선동 당해있다." 정확한 출처는 불확실하지만 흔히 히틀러의 선전장관 괴벨스가 했다고 알려진 말이다.

이것이 누구의 말이었던 간에 이미지 또한 마찬가지다. 안 좋은 이미지가 심어지는 것은 짧은 시간에 별것 아닌 이유로도 가능하지만, 그것을 바로잡는 것은 너무나 많은 시간과 노력이 필요하다.

다시 말한다. 이제 공직, 아니 직장생활을 시작하는 당신은 좋은 이미지를 구축해야 한다. 그리고 아무것도 아닌 깔끔한 책상 정리가 당신의 좋은 이미지를 만드는 시작이 될 수 있다.

3) 도우미 되길 주저하지 마라

고대 그리스의 역사가 헤로도토스(BC.484~425)의 저서『역사』(Historiae)를 보면 주변 사람들의 분쟁과 어려움을 잘 해결해주다가 결국 왕이 된 사내에 대한 이야기가 나온다.

이렇듯 도움을 주는 것은 자기 손해가 아니라 더 큰 것을 얻을 수 있는 밑거름이 될 수 있다.

내게 주변을 돌아보고 어려움을 겪는 동료를 돕는 사람이 되어야 한다고 충고해 준 고마운 직장 선배가 있었다.

그 시절 나는 철없이 기고만장했다. 당시는 내가 몸담은 기관이 막 설립되었을 때라 쉴 새 없이 많은 업무가 쏟아졌다. 모두가 바쁘고 업무에 지쳐 힘이 들었다. 나는 다행히도 업무 파악이 조금 빨랐고 효과적인 보고서 작성에 대해 어설프게나마 깨달았던 터라 업무처리에 그래도 여유가 있었다.

그러다 보니 중요하고 긴급한 업무는 내게 쏠릴 수밖에 없었다. 바쁘기는 했지만 부서의 에이스라는 긍지가 모든 고생을 잊게 했다. 하지만 이 때문에 나는 어리석게도 하찮은 스타 의식에 빠졌던 것이다.

　나의 업무속도를 따라오지 못하는 동료를 이해할 수 없었고 내가 상사에게 칭찬을 받고 돌아설 때 같은 업무를 가지고 혼이 나는 동료를 보며 우월감을 느꼈던 것이다.

　선배의 그 충고를 듣고 내 주변을 다시 돌아보았다. 내가 열심히 보고서를 작성하고 마무리를 할 때까지 보고서를 어떻게 시작해야 좋을지 몰라 한숨을 쉬고 있는 동료들이 보였다.

　하루아침에 모든 것이 바뀌었다면 거짓말이겠지만 나는 그날 이후 개인이 아닌 한 팀이라는 마인드를 갖게 되었다. 그리고 할 수 있는 한 동료들을 도왔다.

　또 내가 어려운 일도 동료들과 함께 고민해서 더 나은 결과를 얻기 위해 노력했다. 그렇게 보잘 것 없는 스타 의식을 버리고 동료들에게 진정으로 다가갈 수 있었다.

　인간은 사회적 동물이다. 아무리 스스로 자신감 넘치고 자기애가 강해도 타인과의 교류 속에서 진정한 가치를 만들어 가는 것이다. 나 혼자 잘나고 똑똑하다고 자신해도 남들이 인정하지 않으면 의미가 없다. 그리고 타인의 인정이 없는 데도 자신에 대한 믿음과 자긍심을 유지하는 것은 불가능한 일이다.

　직장생활을 하다 보면 분명 나름의 업적이나 역량이 우수한데도 이기적인 행동과 마인드 때문에 인정받지 못하는 사람들이 있

다. 그들의 능력을 검증할 수 있는 객관적인 데이터가 있다 하더라
도, 그것이 개인의 울타리에 머물렀을 때는 조직의 입장에서 아무
런 효용 가치가 없다. 누구도 능력과 가치를 인정하지 않는다.

당신의 능력과 가치를 인정받고 싶다면 앞장서라. 본래 전투에
서도 가장 큰 공은 맨 먼저 적진을 향해 달려간 선봉장에게 있다.
그리고 다른 사람의 능력과 가치를 진심으로 인정해줘라.

"그것이 진심으로 인정받는 길이다."

4.

오늘 묻지 않으면
내일은 쪽팔린다. 아주 많이!

"쪽팔림은 순간이지만 지식은 영원하다."

공직자가 아니더라도 처음 사회생활을 시작하는 분들에게 해주고 싶은 말이다.

적극적으로 질문하고 배우기 위해 열의를 보이는 사람처럼 멋있는 사람은 없다. 궁금하다는 것은 그만큼 그 분야를 알아가고 있다는 것이고 새로운 시각으로 바라보고 있다는 의미이기도 하다.

물론 모르는 것을 물어보는 것이 쉬운 일은 아니다. 우선 모른다는 자체가 부끄럽기도 하고 사람을 겸연쩍게 만든다.

여기에 질문을 했다가 "그것도 모르느냐?"는 핀잔이라도 들어본 사람이라면 모르는 것을 드러내는 것 자체가 큰 두려움일 수도 있다.

하지만 모르는 것이 있다면 무조건 들이대야 한다. 그래야 나중에 편해지고 그야말로 피와 살이 되며, 나의 능력이 되는 것이다.

이와 관련해, 친한 선배로부터 좋은 경험담을 들을 수 있었다.

"초임발령을 받고 얼마 뒤, ○○사업의 감독을 맡게 되었어. 처음에는 형님뻘 되는 노련한 업체 담당자들을 상대하려니 긴장도 되더군. 이제 와 하는 얘기지만, 그때는 현장에 대해서 제대로 아는 것도 거의 없었어. 이 때문에 사람들이 나를 무시하면 어쩌나? 하는 걱정부터 앞섰다니까."

"오호! 의외인데요. 선배님은 그 ○○사업 잘 마무리하시고 그 덕에 표창도 받으셨잖아요. 어려움을 이겨낸 비결이라도 있었나요?"

"응. 비결은 간단해. 우선 기회를 보다가 협력사의 핵심 엔지니어 몇 명을 조용한 자리로 불러서 솔직히 말했어. 나는 사실 잘 모른다. 그래서 여러분에게 끊임없이 물어보며 배우겠다고 선언했지."

"명색이 감독이 협력사에게 그런 말 하는 게 쉬운 일이 아니었을 텐데… 그 분들 반응이 어떻던가요?"

"흐흐. 지금과는 다르게 그 시절에는 감독이라고 하면 뒷짐 지고 폼

잡는 게 당연하던 호랑이 담배 피우던 시절이잖아. 그런데 젊은 감독이 겸손하게 배우겠다고 하니까. 많이 놀라는 눈치였지."

"그래서 그 이후에 어떻게 하셨는데요?"

"말로만 끝나지 않았지. 분야별로 제일 지식이 풍부하고 경험 많은 엔지니어들을 따라다니면서, 하나하나 궁금한 것은 모조리 물어봤어. 내가 워낙 열심이니까 나중에는 그분들이 더 열정적이더군. 자기가 아는 모든 것을 알려주려는 듯했어. 그렇게 배우고 익힌 것은 퇴근후에 밤새 노트에 정리하고 익혀서 완전히 내 것으로 만들었지.
당연히 현장도 열심히 돌아다녔어. 현장을 모르면 제대로 아는 것이 아니니까.
재미있는 것은 불과 몇 달 후에는 내가 그 사람들보다 더 많은 것을 알게 된 거야. 그들은 자기 분야 밖에 모르지만 나는 전반의 모든 것을 꿰차게 되었으니 말이야. 얼마 지나지 않아 배우던 처지에서 가르치는 상황으로 입장이 바뀌었지."

물론 감독 업무를 맡을 일이 없는 사람도 많기 때문에, 방금 소개한 사례가 금방 와닿지 않을 수도 있다.
하지만 어떤 곳에서 일해도 처음 얼마간은 마음대로 물어볼 수 있고 엉뚱한 질문을 해도 이해되는 시기가 있다. 그 중요한 시기를 헛되이 날리지 말아야 한다.

이런 자세는 어디에서나 통용된다. 나도 선배가 되어보니 이것저것 물어보고 열심히 배우려는 사람이 정이 가고 뭐라도 더 챙겨주고 싶다. 그에 반해 가르쳐주려 해도 배울 의지가 없거나, 남 일처럼 대응하는 사람같이 얄미운 것도 없다. 업무를 배우고 익히는 것은 다른 누구를 위한 것이 아니다.

바로 '나 자신', 그리고 생존을 위한 자산을 축적하는 것이다.

5.

시야를 넓혀라,
내 업무만 일이 아니다

"기술자는 많아요. 하지만 업무의 전체를 보는 시야와 관리능력을 지닌 사람은 정말 드뭅니다. 제가 세계를 돌아다니며 바쁘게 살 수 있는 이유이기도 하고요."

업무적으로 잠시 알았던 해외사업 PM(Project Manager)이 들려준 얘기다. 달리 말하면 전쟁터에서 돌격 앞으로 내달릴 병사들은 많지만 전장의 판도를 분석하고 결정하여 승리를 이끌 능력이 있는 지휘관은 많지 않다는 의미일 것이다.

나는 기술직으로 공직생활을 시작했다. 내 분야만을 담당하다 보니 다른 분야는 무엇을 하는지 큰 관심도 없었다.

"이렇게 바쁜 데 ○○부는 매일 출장이나 다니고 하는 게 뭐야?" 하며 부서 중심의 이기주의에 빠진 적도 있다.

그러던 중 각 분야의 실무자가 모여 팀을 이루는 TF(Task Force) 부서에서 일하게 되었다.

기대 반 걱정 반으로 옮겨 간 그 부서에서 나는 내가 얼마나 편협한 시야와 마인드를 지니고 있었는지를 금방 깨닫게 되었다.

그 부서는 사무직부터 토목, 전기, 통신, 기계, 건축 등 모든 직렬이 총 망라된 곳이었다. 이곳에서 일하면서 각 직렬 고유의 업무와 나름의 고충 그리고 업무절차를 배울 수 있었다. 이를 통해 전체를 바라보는 시야가 생겨난 것이다.

이전에는 남의 일이라 치부하고 신경도 쓰지 않던 업무의 중요성을 깨달았다. 그 이후 나는 기술직으로는 흔치 않게 기획부서에서 일하는 기회를 얻었다. 평소 나를 눈여겨 봐주셨던 상사의 강력한 추천 덕이었다.(내가 지금도 고마워하는 구루(Guru)형 상사다.)

브레인이라고 할 수 있는 기획부서의 눈으로 바라보자 조직의 시스템 전체가 한눈에 보이기 시작했다. 마치 커다란 기계가 작동하는 원리와 부품이라고 할 수 있는 부서의 역할과 움직임을 알게 된 것이다.

직장생활을 오래 하고도 이런 것을 전혀 모르는 사람이 많다. 자신만의 갈라파고스에 갇혀 살면서 갈라파고스가 세계의 중심이라고 믿고 사는 사람들의 전형적인 편협함이다.

당신이 성장하고 능력자가 되려면 이러한 편협함을 버려야 한다. 내 업무만 일이 아니다. 현대 축구에서는 공격수라고 공격만

하고 수비수라고 수비만 하지 않는다. 최전방 공격수도 수비를 알아야 하고, 수비수도 공격에 적극 가담해야 한다. 주변에 관심을 가지고 시야를 넓혀가기 바란다. 자꾸 말하지만, 이 모든 것이 내 자신을 위하는 길이다. 그래야 자신의 위치와 역할을 제대로 깨달아 자기 몫을 할 수 있는 것이다.

기준을 높여라,
그렇게 마스터가 되는 것이다

나의 중요한 일과 중 하나는 킥복싱 체육관에 가는 것이다.

정말 바빠서 어쩔 수 없는 경우가 아니면, 일주일에 3~4일은 체육관에 나간다. 주말은 체육관을 열지 않으니 한 주의 대부분은 체육관에서 땀을 흘린다고 할 수도 있다. 꽤 오랜 시간 동안 킥복싱 수련은 내 일상의 중요한 부분을 차지하고 있다.

나를 지도하고 운동을 도와주는 코치들은 나와 비슷한 시기에 운동을 시작한 사람들이다. 당시에는 중고등학생들이었는데, 어느덧 군대를 다녀오고 대학을 졸업한 성인이 되어서까지 운동에 뜻을 두고 최선을 다하고 있는 멋진 친구들이다.

그런데 비슷한 시기에 시작한 나와 그들의 차이는 왜 이렇게 벌어진 것일까?

물론 성인이 되어 운동을 시작한 나와 청소년기부터 시작한 그들의 발전 속도가 같을 수는 없다. 그렇지만 내가 생각하는 가장 큰 차이점은 바로 지향하는 '목표의 수준'이 달랐다는 데 있다.

　나는 킥복싱을 처음 접했을 때 기껏 특이한 취미생활 정도로만 여겼다. 조금만 힘들어도 체육관을 빠질 궁리부터 하는 게으른 수련자였다. 하지만 그들은 그때부터 프로선수 그리고 체육 지도자를 꿈꾸며 한 차원 높은 목표를 삼았다.

　격투기가 대부분 그렇지만 킥복싱은 여전히 마이너 스포츠다. 만약 돈이 목적이라면 다른 일을 찾아보는 것이 현명하다.

　그러나 그런 분야에 젊음을 투자한 것은 그만큼 이 운동을 사랑하기 때문이다. 내가 가벼운 스파링이나 간신히 할 때, 그들은 각종 대회에 참가했고 동작 하나하나를 진지하게 연구하며 수련에 임했다. 결국 지향하는 목표의 수준이 투자의 차이를 만들었고 결과의 차이가 생기게 한 것이다.

　흔히 "이기려 하는 자는 즐기는 자를 이길 수 없다."고 한다.

　내 생각에 반은 맞고 반은 틀리다. 발전에는 즐거움만이 있지 않기 때문이다. 더 나아지겠다는 향상심과 도전 그리고 응전이 복합적으로 어우러지는 과정이다.

　나는 진정으로 강한 자는 '사랑하는 자'라고 생각한다. 사랑은 발전을 향해 가는 그 모든 과정을 참고 견디게 만들며, 행복과 성취감을 느끼게 한다.

　사랑하는 강자(强者), 진정한 '그랜드 마스터'가 되길 바란다.

하이텔은 사라졌어도,
실록은 남았다

아날로그 기록의 중요성

최근 유행했던 레트로(Retro)풍의 드라마 등으로 어린 학생들도 PC통신에 대해 알고 있다. 초고속 인터넷이 보급되기 전 전화선으로 연결해서 사용하던 PC통신은 나도 즐겨 이용했다.

당시 처음으로 만나는 온라인 세상에 빠졌던 사람들은 이곳저곳에 수많은 글과 자료를 올리고 공유했다.

PC통신으로 정보를 얻고 채팅으로 미지의 사람들과 대화하는 기쁨은 그 모든 것이 일상화된 지금에는 전부 사라졌다. 그 시절의 애틋한 감성은 두 번 다시 느낄 수 없는 소중한 추억이다.

그 시절 여러 업체가 PC통신 서비스를 제공했는데 가장 대표적인 곳으로 하이텔(Hitel)이 있었다. 그러나 PC통신의 시대가 저물면서 하이텔을 비롯한 PC통신 서버에 있었던 방대한 자료들도 함께 사라졌다. 여러 사람의 노력으로 미리 상당한 자료가 다른 곳으로 옮겨지기도 했지만, 그것은 일부에 지나지 않았을 것이다.

20세기에서 21세기를 거친 디지털 기록 문명의 이기가 그렇게 허망하게 사라졌다.

그에 반해 아날로그 기록의 대명사인 『조선왕조실록』은 어떠한가? 또 『조선왕조실록』을 몇 배 뛰어넘는 분량의 기록물로 지금까지도 한글 번역이 완료되지 않은 『승정원일기』는 또 어떤가?

이 기록들은 수백 년의 시간과 수많은 전란 속에서도 아직도 명맥을 잇고 있다.

내가 뜬금없이 『조선왕조실록』과 『승정원일기』를 꺼내는 것은 업무에서도 아날로그 기록이 중요하다는 것을 언급하기 위해서다.

학창 시절 나는 편집광적으로 일기를 썼다. 노트에 기록한 그때의 일기는 지금도 대부분 잘 보관하고 있다. 성인이 되어서는 당시 한창 유행하던 일기 프로그램을 이용해 대략 3년간 빼먹지 않고 방대한 일기를 적었다.

그러던 어느 날….

컴퓨터가 완전히 맛이 가면서 내가 남긴 수년간의 기록도 함께 사라져 버렸다. 그런 뼈아픈 경험이 있어서인지 몰라도 이후로는 따로 챙겨야 하는 중요한 내용이나 각종 정보를 노트 한 권에 정리하는 습관이 생겼다.

이런 습관은 업무에도 이어졌는데, 필요한 경우 업무와 관련된 신문기사를 오려 스크랩하기도 하고, 중요한 사안에 대해 협의했던 전화 통화 내용이나 기억해야 할 것들을 적어둔다.

이 노트는 나의 작은 기억의 창고와도 같다.

그렇다고 이 노트가 조직의 비밀을 적어둔다거나 손봐줄 사람의 이름을 적어둔 '데스노트'라고 오해하지는 말기 바란다. 당연히 보안상 문제를 일으킬 소지도 없는 개인의 업무 기록일 뿐이다.

요즘에는 키보드 자판에 익숙해진 나머지 손글씨를 쓸 일조차 거의 없다. 하지만 작은 노트 한 권으로 기록을 남기기 시작하면 그것이 축적되었을 때 만들어지는 의미 있는 흔적들과 기적을 만나게 될 것이다.

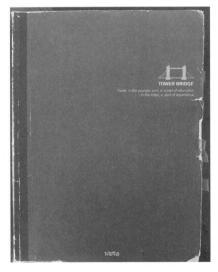

◀ 개인의 업무 기록으로 활용한 노트

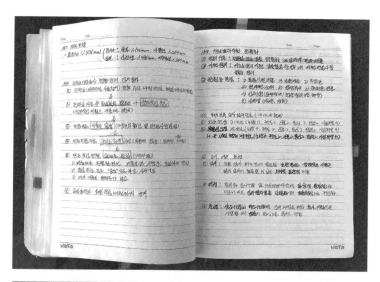

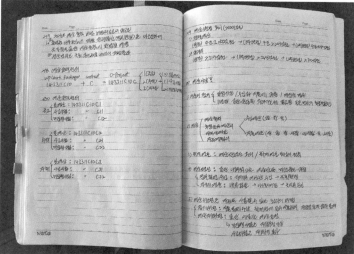

▲ 업무와 관련한 중요한 정보와 사안 등 기억해야 할 것들을 적어둔다.

꼰대에게도 당신같은 시절이 있었다

언제인가 모 외국계 기업을 다니다가 단 몇 개월 만에 그만둔 사람의 유튜브 방송을 우연히 본 적이 있다. 그 유튜버는 함께 일하던 상사나 선배들을 보며, 몇 년 후 자신의 모습도 저럴 것이라는 생각이 들어, 남들이 부러워하는 회사를 몇 개월 만에 퇴사했다고 한다.

물론 원대한 꿈을 품고 시작한 직장에서 선배들이나 상사들이 이른바 한심한 꼰대들로 보였을지도 모른다. 사실 나도 직장 생활 초기에 그런 마음을 품은 적이 있다. 하지만 나의 그런 교만함이 언뜻 비쳤던 것일까?

한 선배가 "자네는 늙지 않으니 좋겠어."라며 뼈있는 농담을 했다. 그렇다. 그들도 나와 같은 아니, 나보다 더 잘나가고 똑똑했던 젊은 시절이 있었다.

나도 경력이 쌓이고 나이를 먹으며 그들을 되새겨본다. 내가 어린 시절에는 몰랐던 그들의 고뇌를 이해해가고 있는 것이다. 그분들도 이것 때문에 힘들었겠구나 싶은 생각이 들기도 한다.

그 시절 나를 유난히 아껴주시던 선배가 한 분 계셨는데 한 번은 나에게 이런 이야기를 들려주었다. 앞에서도 언급했던 나의 잘못된 의식을 바로잡아준 바로 그 충고였다.

"내가 보니 자네는 정말 똑똑해. 하지만 그 똑똑함이 오히려 독이 될 수 있네. 그러니 앞만 보고 달리지 말고 주변도 돌아보길 바라네.

잘 몰라서 힘들어하는 사람이 있으면 알려주고, 못 따라오는 사람이 있으면 기다려주고 이끌어줄 줄도 알아야 해!

내가 30년 넘게 공직에 몸담으면서 깨달은 진리야. 만일 내가 젊어서 지금의 자네와 경쟁 관계였다면, 절대 이런 말은 해주지 않았을 거야. 절대로! 네버(Never)!"

나의 젊은 치기를 제대로 꿰뚫어 본 충고였다. 그리고 시간이 흐를수록 그 말의 의미와 무게를 새삼 느껴간다. 지금 그분을 만나면 감사의 큰절이라도 올리고 싶다.

믿기지 않을지도, 믿고 싶지 않을 수도 있다. 지금 당신이 보는 그 꼰대들도 당신 같은 시절이 있었다.

전혀 닮고 싶지 않은 사람은 그렇게 되지 않겠다는 거울로 삼아라. 존경하고 배우고 싶은 사람이 있다면 나는 저 나이가 되었을 때 더 멋있고 능력 있는 사람이 되겠다는 포부를 가져라. 그리고 노력하고 전진해라. 발전은 그 앞에 섰던 사람들의 어깨를 밟고 올라가며 성취되는 것이다.

7장

사람을
대하는 기술

1.
동료와 상사를
대하는 기술

1) 매너가 사람을 만든다

"Manners maketh man." 매너가 사람을 만든다.(여기에서 Maketh 는 Makes와 동의어로 영국식 고어 표현)

영화 《킹스맨: 에이전트》에서 나오는 유명한 대사다. 꼭 멋진 고급 수트를 차려입고 멋들어진 영국식 귀족영어를 구사하는 비밀 첩보원만 매너를 지키는 것이 아니다. 매너는 사회구성원의 기본 도리이자 반드시 지켜야 하는 최소한의 규범이다.(물론 이런 기본도 없는 사람들이 고위 사회지도층 자리에 앉는 것을 뉴스로 접하면 한심하긴 하다.)

여러분도 당연히 인지하고 있을 것이다. 직장에서 매너의 중요성은 몇 번을 강조해도 지나치지 않는다. 매너가 생각처럼 복잡한 예법을 의미하는 것은 아니다. 출퇴근 시에 가벼운 인사, 습관처럼 하는 감사의 말, 엘리베이터나 식사 과정에 서로 조심하고 배려하는 가장 기본적인 것들을 말하는 것이다. 그리고 이 어찌 보면 하찮게 여겨지는 작은 매너들이 당신의 이미지와 평판에 지대한 영향을 끼친다.

이중 강조하고 싶은 것이 전화 통화 매너다. 잘 모르는 사람들과 업무상으로 통화하는 일은 많다. 사실 얼굴을 보는 일보다 전화로 목소리만 듣는 경우가 더 빈번하다. 그러다 보니 의외로 전화 통화 매너에 서툴러 나쁜 평판을 받는 일이 허다하다. 또 전화 한 통화만 했을 뿐인데 모르는 누군가가 나의 극렬 안티가 되어 있을 수도 있다.

일 욕심이 남다른 H과장이 있다. 매사 열심이고 싹싹한 성격이지만 유독 전화상으로는 많은 사람에게 안 좋은 인상을 심어주었다. 나도 가끔 H와 업무상 전화를 주고받았다. 달리 실수를 하는 것은 없었지만 통화를 하다 보면 이상하게 기분 나쁘게 만드는 무엇인가가 있었다. 아니나 다를까. 주변에서 나에게 곧잘 이런 말을 하는 사람들이 많아졌다.

"○○부의 H과장이라고 아세요?"
"네, 개인적으로는 잘 모르지만, 업무상으로 통화는 가끔 하죠."

"그런데 H과장은 혹시 차장님한테도 그러던가요? 말하는 투가 뭐 그 모양이랍니까? 도대체 일을 어떻게 배웠는지 원..."

문제는 이런 기분 나쁜 감정을 느낀 사람이 한둘이 아니었던 모양이다.

H과장은 한참 뒤에야 우연한 기회를 통해 알게 되었다.
업무능력이나 성품 등 모든 면에서 나무랄 데 없이 좋은 사람이었다. 한편으로 이렇게 괜찮은 사람이 사소한 전화상의 매너를 지키지 못해 나쁜 평판을 받고 험담을 들은 현실이 안타깝게 여겨졌다.

어느 책에선가 읽은 내용이다.
미 대륙을 최초로 도보 횡단한 사람에게 가장 힘들었던 것이 무엇이었냐고 기자가 물었다. 배고픔과 갈증, 외로움과 같은 답을 기대했겠지만, 그의 대답은 다름 아닌 '신발 속의 작은 모래알'이었다고 대답했다 한다.

직장 내에서 인간관계도 마찬가지이다. 오히려 큰일은 서로 오해를 풀고 잘 넘어갈 수도 있다. 하지만 신발 속 모래알처럼 작은 것들이 기분을 상하게 만들고 감정적으로 큰 상처를 입히는 경우가 허다하다.
불쾌하긴 한데 대놓고 말하기는 뭐한… 그런 애매한 것들이 풀

리지 않은 채 쌓이면 나중에는 걷잡을 수 없이 커져 통제 불능이
된다.

인간은 이성이 아닌 감정의 동물이기 때문이다.

2) 동료의 비밀과 상사의 체면을 지켜라

이것은 매너의 연장선상이며, 가장 중요한 규칙이다. 바로 동료
의 비밀과 상사의 체면을 지켜야 하는 것이다. 이중 더욱 중요한
것은 상사의 체면을 지켜주는 것이다.

동료의 비밀스러운 무언가를 알게 되었을 때 입이 간질간질하
고 "임금님 귀는 당나귀 귀"를 외치고 싶은 충동을 느끼는 것은 사
람의 본능이다. 동료의 비밀은 내가 지킨다고 해도 다른 누군가가
퍼트릴 수 있다. 그래도 그 비밀이 내 입을 통해 나와서는 절대 안
된다. 하지만 상사의 체면은 내가 통제할 수 있는 영역에 있다.

앞에서 고려 무신정권 집권자 최우가 추진하려던 강화천도 계
획에 반론을 제기했다가 목숨을 잃은 사람의 일화를 소개했다.

나는 그 사람이 설령 최우의 질문에 적절한 답변을 했어도 살아
남기 어려웠을 것이라고 생각한다. 다름 아닌 상사의 체면을 지키
지 않았기 때문이다.

'역린(逆鱗)'이라는 말을 많이 들어봤을 것이다. 『한비자(韓非子)』
에 나오는 말인데, "용이란 동물은 잘만 길들이면 타고 하늘을 날 수

도 있지만 턱밑에 거꾸로 난 비늘을 건드리면 반드시 죽임을 당한다."는 얘기에서 유래되었다. 이 거꾸로 난 비늘이 바로 '역린'이다.

'상사의 체면'이 바로 이 '역린'인 것이다.

C차장은 보스기질이 있다. 그러다 보니 후배들을 살갑게 챙겼고 직원들 입장에서 상사에게 총대를 메는 일도 잦았다. 그런데 자주 선을 넘는다는 것이 문제였다. 사실 C의 상사는 누구와도 두루두루 잘 지내는 원만한 성격의 소유자였다. 단 한 사람, C만 빼고…

C는 툭하면 직원들이 보는 앞에서 상사와 언쟁을 벌였고, 상사를 무시하는 말을 자주하고 다녔다. 당연히 상사도 C를 좋아할 리 없었다. 두 사람이 연령대와 입사 시기도 비슷하다 보니 눈에 보이지 않는 자존심 싸움도 한몫했을 것이다.

C는 상사와 다투어 이겼다는 쾌감으로 늦어버린 승진의 한을 푸는 것처럼도 보였다. 한번은 두 사람이 함께 해외 출장을 나갔다가 외국 한복판에서 심한 말싸움을 벌였다는 얘기까지 들렸으니 돌아올 수 없는 강을 건넌 셈이었다.

이쯤에서 공직사회에 대대로 내려오는 금언을 소개하고자 한다.

"상사는 당신을 잘되게는 할 수 없어도 못되게는 할 수 있다."

C가 보기에는 상사가 자신보다 부족하고 무능해 보였을지 모른다. 그리고 그것이 진실일 수도 있다. 하지만 조직은 그런 것을 보지 않는다. 상사가 범죄 수준의 잘못을 저지른 것이 아니라면, 결국 상사의 손을 들어줄 수밖에 없는 것이 조직의 생리다.

C차장은 승진을 열망했지만 결정적 고비에서 항상 미끄러지곤 했다. 물론 이유는 다양했을 것이다. 하지만 상사와의 갈등, 특히 역린과도 같은 체면을 지켜주지 않은 실수가 발목을 잡는 데 큰 역할을 했다는 데는 의심의 여지가 없다.

당신은 절대적으로 상사와의 마찰을 공개적으로 보이지 말아야 한다. 잠깐 동안 절대 악과 맞짱을 뜬 영웅의식이 들지 몰라도 상사의 체면이라는 '역린'을 건드리는 셈이 된다. 결국 피해는 힘없는 당신에게 돌아갈 수밖에 없다.

"세상을 바꾸려거든 힘부터 기르세요."

한때 널리 회자되었던 드라마 정도전에서 나오는 이인임(박영규 분)의 명대사다. 부디 되새겨보기 바란다.

3) 마음을 여는 열쇠 '배려'

2006년에 출간된 한상복 작가의 『배려_마음을 움직이는 힘』라는 책이 있다. 출세욕에 사로잡혔던 엘리트 주인공이 어느 날 갑자기 정리 대상 부서로 인사발령 나며 겪게 되는 이야기를 다룬 자기계발 우화다. 자기중심적이고 경쟁적인 사고를 갖고 살았던 주인공이 배려라는 깨달음을 얻는 과정을 그린 내용인데, 나도 굉장히 흥미롭게 읽었다. 또 이 책에 대한 독후감을 써서 사내 독후감 경진대회에서 우승을 한 기억이 난다.

'배려'라는 키워드를 꺼낸 것은 사회에서 맺는 인간관계에서 특히, 공직사회에서 이 배려가 얼마나 큰 힘을 작용하는지를 말하고 싶어서이다.

"호의가 계속되면 권리인 줄 안다."는 말이 있다.

국어사전에서 착한 마음씨를 뜻하는 '호의'와 도와주거나 보살펴 주려고 마음을 쓴다는 의미의 '배려'는 서로 일맥상통하다. 그런데 이런 말이 나온 것은 그만큼 순수하게 타인을 배려하고 호의를 베푼다는 것이 얼마나 어려운지 그리고 때로는 상처로 돌아올 수도 있다는 것을 의미한다.

자신이 잘 나갈 때는 절대 알지 못한다. 그럴 때는 모든 것이 거침없고 회사와 조직이 내 덕분에 움직인다는 생각마저 든다. 그러다 보면 고개는 뻣뻣해지고 동료들마저 우습게 여기는 교만이 생길 수 있다. 이런 것은 인간이라면 당연할지 모른다.

직장도 엄연히 피가 흐르고 감정을 가진 사람들이 모인 또 하나의 사회다. 그런 교만한 사람을 진심으로 받아들이고 좋아해 줄 사람들이 과연 있을까? 내가 바보가 아니라면 다른 사람들도 바보가 아니다.

진정한 능력은 타인, 특히 가까운 동료들이 인정해 줄 때 빛을 발하는 것이다. 개인의 역량이 승패에 지대한 영향을 끼치는 스포츠에서조차 팀을 떠난 개인은 환영받지 못한다. 하물며 개인 역량의 가치가 그보다 못한 직장에서는 두말할 나위 없다.

J과장은 외모부터 어리숙해 보이는 사람이었다. 젊은 나이에 머리도 벗겨졌고 어눌한 말투에 꾸부정한 걸음걸이 하며, 어느 때는 저 사람이 어떻게 입사할 수 있었는지 궁금한 생각마저 들었다.

하지만 해맑은 성격과 착한 마음씨가 사람의 마음을 끌게 만드는 정말 묘한 매력이 있었다.

당시 팀장님은 꼬장꼬장하고 대쪽 같기로 유명한 분이었다. 그런 사람의 눈에 마냥 해맑기만 한 J과장이 탐탁하게 보일 리 없었다. 언제나 옆에서 보기 안타까울 정도로 혼나기가 일수였다.

그런데 J의 진짜 강점은 따로 있었다. 바로 '배려심'이었다. 비록 업무능력은 떨어졌지만 부서의 온갖 궂은일을 마다하지 않았다.

그리고 누군가가 힘든 내색이라도 보이면 한달음에 달려가 자신이 도울 것은 없는지 물어보고 진심으로 걱정해주었다.

언제인가 팀장님이 업무적으로 어려운 일이 생겨 힘든 시간을 보내고 있었다. 어느 날 퇴근길에 회사 근처 자그마한 선술집에서 술잔을 함께 기울이는 팀장님과 J과장을 우연히 보게 되었다. 그 모습이 마치 호랑이와 토끼가 함께 풀을 뜯는 모습처럼 이질적으로 느껴졌다. 그리고 시간이 한참 지나 팀장님으로부터 그때의 이야기를 들을 수 있었다.

모든 사람이 자신에게 등을 돌린 것처럼 외로운 순간에 아픈 속을 털어놓을 수 있고 위로가 된 사람은 자신에게 매일 혼나면서도 배려를 잊지 않았던 J과장이었다고 말이다.

바늘로 찔러도 피 한 방울 안 나올 듯 보였던 강철 사나이의 마음을 열게 만든 것은 결국 배려였다.

동료들에게 '진심을 담은 배려'를 하라.

설령 그것이 나름 계산이 깔린 것이라 해도 좋다. 아무것도 하지 않으면 아무 결과도 없지만 무엇 하나라도 실천하면 그에 합당한 결과가 있기 마련이다.

사람은 산에 걸려 넘어지지 않는다. 작은 돌부리에 걸려 넘어지는 존재다. '배려'는 이 돌부리를 치워주는 마법 같은 주문이다.

협력사를
대하는 기술

공직의 범위는 다양하고도 넓다. 공무원만 해도 직렬을 한 번에 다 헤아리기도 어렵고, 공기업과 준정부기관, 기타 공공기관을 통칭하는 공공기관의 숫자만 해도 2020년도 기준 340개에 이른다.

그러다 보니 자신이 속한 기관과 부서, 직렬에 따라서 시공사, 감리사, 제조사와 같은 협력사를 아예 만날 일도 없는가 하면, 업무 특성상 협력사와의 업무가 주를 이루는 곳도 많다. 그런 곳의 경우 협력사와의 관계 속에서 많은 어려운 일들이 발생한다.

나는 후자에 속한다. 그래서 많은 협력사와 관계자들을 겪어오며 깨닫고 느꼈던 경험을 정리해보고자 한다.

1) '불가근불가원'의 그들

"불가근불가원(不可近不可遠)", "너무 가까이도 하지 말고, 너무 멀리도 하지 말라."는 뜻이다.

본래 공자가 소인배를 대하는 처세에 대해 설명하며 나온 말이다.(그렇다고 협력사가 소인배라는 의미는 절대 아니다.) 이 말의 유래가 어찌 되었든 협력사를 상대하는 데 이것처럼 타당한 표현은 없다고 생각한다.

요즘은 예전과 비교해 환경과 인식이 정말 많이 바뀌었다. 완전한 갑(甲)도 없고 완전한 을(乙)도 없다. 오히려 '갑질'의 반대로 '을질'을 한다는 말도 있을 정도다.

흔히 '김영란법'으로 불리는《부정 청탁 및 금품 등 수수의 금지에 관한 법률》이 시행된 이후로는 함께 식사하는 경우도 거의 없고 사무실 공간 외에서 차 한 잔 마시는 것도 될 수 있는 대로 피한다.

그와 함께 청렴에 관한 교육과 인식개선이 지속적으로 이루어진 결과, 내가 이전에 보고 겪었던 일들은 그야말로 과거가 되고 말았다.

정말 좋은 변화라고 생각한다. 대신 서로 간에 손해를 허락하지 않는다. 요즘은 여차하면 법정에서 시시비비를 가린다. 발주처와 협력사 간에 법정 다툼은 이제 일상적인 일이 되어버렸다.

"아예 협력사를 사무적으로만 대하고 일체 거리를 두면 되지 않겠냐?"고 생각할 수도 있다. 하지만 쉽지 않은 일이다. 어차피 사람이 하는 일이기 때문이다. 인위적인 거리감은 자칫 서로 간의 오해나 감정의 골을 만들 수도 있다.

그렇다고 가까워지면 순수한 의도와는 달리 법률적 제약을 받게 되는 위험이 생긴다. 무엇보다 일을 위한 관계가 인간적 관계로 변모되면 거기에는 항상 부패의 싹이 움틀 수 있다.

부디, 협력사를 '불'처럼 대하길 바란다. 불은 적당히 거리를 두면 따뜻하다. 하지만 지나치게 가까우면 화상을 입는다.

십수 년째 명절이 되면 지금도 안부 문자나 전화를 주는 협력사 관계자들이 몇 분 계신다.

오해 없길 바란다. 나는 이미 이전에 일했던 분야를 떠났고 그들도 그 사실을 잘 알고 있다. 거기에 그분들도 지금은 우리 기관과는 관련 없는 곳에서 일하고 있기 때문에 서로 아쉬운 것이 없다.

그래도 인간적으로 연락이 오는 것은 함께 고생했던 추억도 있지만 그때나 지금이나 적절한 거리를 유지했기 때문이다.

나는 협력사 관계자가 나이가 어리거나 친하다고 해서 반말을 하거나 정도를 벗어난 행동을 한 적이 없다. 항상 직함과 존댓말을 썼다. 그런 것이 오히려 서로를 존중하고 인연을 오래 가게 하는 원동력이 되었다고 생각한다.

2) 공짜 점심도, 공짜 술도 없다

"세상에 공짜 점심은 없다(There are such thing as a free lunch)."라는 말을 종종 들어봤을 것이다 .

미국 서부 개척시대에 술집에서 일정량 이상 술을 마시면 점심을 공짜로 제공한 데서 유래했다고 하는데, 사실은 그 술값에 식사값도 포함되어 있었기에 나온 말이다.

요새는 이른바 '김영란법(부정청탁 및 금품 등 수수의 금지에 관한 법률)'의 영향도 크지만, 사람들의 인식 자체가 달라졌다. 특히, 정의로운 사람들이 많아졌다.

이 때문에 조직의 전반적인 분위기도 그렇게 흘러가고 있어 매우 희망적이다. 철저한 익명성이 보장되기에 가능했겠지만, 지금은 자그마한 것이라 해도 그냥 넘어가는 경우가 거의 없다. 옛날 생각을 한다면 "인정머리 없어졌다."고 할지도 모르겠지만 엄연히 선진사회로 나아가는 중요한 반증이라고 생각한다.

그러나 언제나 고난은 방심하는 순간에 찾아온다. "설마가 사람 잡는다."는 속담이 괜히 나온 것은 아닐 것이다. 내가 부정부패를 인식하지 못한 어느 순간 실수가 있을 수도 있다. 그리고 그것은 항상 술과 함께 오는 경우가 많다.

공짜 점심도 없는데, 공짜 술이 있겠는가?

부디 잊지 말기 바란다. 앞날이 창창한 인생과 안정적인 직장을 값으로 지불할 만한 가치를 지닌 술은 이 세상에 없다.

3) 기본과 원칙을 지키고 근거를 남겨라

앞에서 다룬 [능력자의 처세 꿀팁1]을 통해 공직자로서 생존을 위해 가장 중요한 것이 '기본과 원칙'이라고 했다.

공직사회가 좋은 것은 이것이다. 기본과 원칙만 지키면 위태로울 일이 없다. 공직을 벗어난 정글 같은 사회와는 명확하게 다른 것이다.

그리고 이것을 위해 언제나 근거를 남겨두어야 한다. 나 혼자 하늘을 우러러 부끄럼이 없는 것은 하느님은 알아주실지 모르지만 법은 알아주지 않는 경우가 허다하기 때문이다.

이 또한 아주 오래전 일이다. 함께 일한 적 있는 F차장이 입찰과 관련한 부정 의혹을 받아 곤욕을 치른 적이 있다. 물론 그는 결백했다. 하지만 결백을 입증하는 과정은 쉽지 않았다. 그래도 가능했던 것은 그가 남긴 메모, 문서 등 객관적인 증빙자료와 변호사를 통해 발 빠른 법률적 대응을 했기 때문이었다.

"혹시 나 같은 억울한 경우를 당하게 되면, 아무리 결백하고 자신 있어도 즉시 변호사를 고용해서 대응해야 해요." F차장이 이 일이 있고 난 뒤 만나는 사람마다 해준 조언이다.

나와 친한 선배 M도 많은 이권이 달린 사업을 추진하는 과정에서 비슷한 일을 겪었다. M 또한 자신이 수행한 업무의 정당함을 입증할 증거가 있었기에 불미스러운 일에 휘말리지 않았다.

하지만 얼마나 마음고생이 심했는지 그때 이후 머리털이 하얗게 세어버렸다고 한다. 평소 청렴하고 업무에 대한 자부심이 강했던 사람이니 분하고 억울하기가 이루 말할 수 없었을 것이다.

공직에서 일을 하다 보면 싫든 좋든 이권이 달린 업무를 담당할 수도 있고, 이 과정에서 예기치 못한 상황과 마주치게 된다. F차장과 M선배는 업무수행에 기본과 원칙을 지켰고 무엇보다 이에 대한 확실한 근거를 남겨놓았기에 문제가 없었다.

하지만 기본과 원칙을 벗어나 일을 한다면 말할 것도 없고, 근거를 제대로 남기지 못하면 당신은 곤란한 상황에 부닥칠 수 있다.

다른 어려운 일이 생겼을 때, 조직은 큰 울타리이고 든든한 지원군이 된다. 하지만 기본과 원칙을 지키지 않은 일이 발생하게 되면, 조직은 절대로 개인을 보호하지 않는다.

4) 모르면 입 다물고 듣자(나를 살리는 경청의 기술)

앞에서 풋내기 시절 협력사 엔지니어들에게 지식을 습득한 선배의 일화를 소개했다. 그 선배라고 해서 무턱대고 도움을 청한 것은 아니다. 이제부터 하는 얘기는 얼핏 들으면 앞의 이야기와 상충되는 것처럼 보일 수도 있지만 엄연히 상황이 다르다.

업무를 진행하다 보면, 협력사 또는 다른 기관이나 이해관계자와 회의를 하게 된다. 물론 담당자라면 자신이 맡은 바 일을 완벽하게 파악하여 회의에 참석하고 의견을 밝혀야 하지만, 그게 잘 안 되는 경우도 있다.

이제부터 하는 얘기는 이처럼 당신이 잘 모른다는 사실을 남들이 눈치채지 못하게 해야 하는 상황의 대처에 관한 것이다.

내가 즐겨 읽는 『한비자』에 다음과 같은 구절이 나온다.

"자신의 행동과 말을 통제할 줄 아는 군주야말로 상대에게 두려움을 주는 존재다."

적절한 행동과 말의 통제가 주는 중요성을 의미하는 글이다. 행동과 말의 통제는 회의에 참석하거나 어떤 의사결정을 내려야 하지만 스스로 공부가 덜 되었을 때 할 수 있는 최선의 방법이다.

한때 나의 선임이었던 E차장은 불필요한 말을 너무 많이 했다.

특히 다른 기관이나 협력사가 참석한 회의에서 무책임한 발언을 하거나 엉뚱한 소리를 해서 업무 파악을 못하고 있는 것을 스스로 광고하는 실수를 저지르곤 했다.

그러다 보니, 이를 눈치챈 사람들은 선임인 E차장을 배제하고 말이 통하는(?) 나와만 대화하려고 하는 일까지 생겼다.

모르는 것을 물어보고 배우는 것은 상대가 선배, 동료이건 협력사이던 가릴 것도 아니고 창피한 일도 아니다. 그렇지만 그것은 중장기적인 배움의 과정이고, 때와 장소를 분명하게 가려야 한다.

지금 말하는 것은 실전 업무의 영역을 의미하는 것이다. 이런 곳에서 내가 잘 모른다고 광고를 해버리면 자신을 깎아 내리는 어리석은 행위가 될 수 있다. 더 나아가 "잘 알지도 못하는 사람을 대표로 회의에 참석시킨 것인가?"하며 조직도 함께 비아냥을 살 수 있다.

내가 잘 모른다 싶으면, 다른 말을 하려 하지 말고 상대방의 이야기를 주의 깊게 경청하라. 사람은 기본적으로 자기가 말하는 것을 좋아하지, 듣는 것을 좋아하지 않는다.

그러므로 당신이 이런 난감한 상황에 처해있을 때 말 없는 경청이 주는 효과는 다음과 같다.

❶ 나의 패를 읽히지 않고도 남의 패를 읽으며 전반적인 상황을 이해할 수 있다. 그리고 남들의 대화를 통해 정보를 얻을 수 있다.

❷ 상대는 내가 무슨 생각을 하는지, 어떤 결정을 할 것인지 모르므로 막연한 두려움을 줄 수 있다.

❸ 섣부른 의사결정이나 발언으로 벌어질 수 있는 위험을 방지할 수 있다.

쓸데없이 말을 하지 말라고 한 것은 당신이 생각 없이 내뱉은 한두 마디로 흔히 말하는 '견적'이 나와 버리기 때문이다.

나 또한 업무를 하면서 상대방에게 의도적으로 계산된 질문을 던지거나 화제를 돌려서 상대의 수준을 가늠하곤 한다. 이것은 나뿐 아니라 어느 분야든 경험 많은 사람들이 누구나 흔히 쓰는 방법이다.

당신이 처음 그 일을 시작하는 입장이라면 보이지 않는 곳에서 열심히 공부하되, 공식적인 자리에서는 전문가의 모습을 보여줘야 한다. 이를 위해 그 분야 전문가들이 자주 쓰는 표현이나 말투를 주의 깊게 봐두었다가 은연중에 사용하는 것도 좋다.

5) 의사결정은 명확하고 일관성 있게

"E차장님은 도무지 결정을 안 해주시니 너무 답답했습니다. 사실 그 때문에 회사의 손해도 컸죠."

미안하게도 앞에서 소개한 그 E차장 맞다. 위 이야기는 어느 협력사 담당자가 내게 한 말이다. 시간이 돈인 협력사 입장에서는 의사결정을 할 수 있는 감독자의 결정이 매우 중요하다.

협력사를 가장 애먹이는 것은 중요한 사항에 대한 의사결정을 차일피일 미루거나, 엉뚱하게 협력사에 그 책임을 떠넘기는 행위이다.

안타깝게도 E차장이 그런 유형이었다.

물론 의사결정은 신속할수록 좋다. 하지만 내가 확신이 들지 않는 일, 충분하게 파악이 되지 않은 사안을 시간에 쫓겨 결정하는 것은 큰 위험이 따른다.

그렇다고 중요한 일을 미룰 수만은 없으니, 어디에 우선순위를 두어야 할지는 상황에 따라 판단해야 할 것이다.

이에는 반드시 지켜야 하는 불변의 규칙이 있다.

바로 '명확함과 일관성'이다. 가끔은 나중에 혹시 있을지 모르는 책임회피를 위해서 불분명하거나 모호한 표현을 써서 넘어가려는 경우도 있다. 이런 행위는 나중에 더 큰 문제를 불러오거나 아예 의사결정을 안 한 것만도 못한 상황을 만들 수도 있다.

또 비슷한 사안을 두고 '이럴 때는 이렇게, 저때는 저렇게' 식으로, 일관성이 없으면 객관적인 판단의 기준이 없다는 것이 된다.

무엇보다 모든 사업은 진행 과정과 종료 시점에 감사를 받게 되는데 이런 일관성 없는 의사결정에 대한 책임이 따르는 경우가 적지 않다.

'신속함, 명확함, 일관성'은 이상적인 의사결정의 3요소다.

사정상 신속한 의사결정이 어렵다고 하더라도, 반드시 지켜야 하는 것은 명확함과 일관성임을 잊지 말자.

6) 갑(甲)질 하지 마라. 당신은 Good helper가 되어야 한다

갑(甲)질, 계약서상 표현되는 갑의 횡포를 일컫는 말이다. 공직에 있는 당신은 대부분 또는 항상 갑의 위치에 있다.

특히 매년 수조 원의 예산을 집행하는 대형 공공기관의 경우 갑을 넘어 '상갑(上甲), 슈퍼 갑'이라고까지 불리기도 한다. 요즘은 유행어처럼 쓰이고 사회문제가 되는 것이 '갑질'이지만 공직사회에서는 지속적인 청렴 교육과 높아진 의식 등으로 정말 많이 사라지고 있다.

어쨌든 모든 일은 기본과 원칙에 따라 처리하면 결국은 해결되게 되어있다. 공직사회의 마법 같은 업무 특징이다.(그 과정이 꼭 쉽다는 의미는 아니다.)

반드시 기억하자. 당신에게 갑질할 권리가 없다는 당연한 사실을 말이다. 그렇다고 무조건 거리를 두며 관계를 배제하는 것은 또 다른 형태의 분란을 일으키는 갑질이 될 수도 있다.

그러므로 공직자는 훌륭한 도우미, 즉, 'Good helper'가 되어야 한다. 협력사는 발주처와 공동의 목표를 함께 이루어가는 동반자 관계이지 적대적 관계가 아니다. 그리고 우리 월급의 원천이 되는 세금납부의 주체이자, 공직자가 서비스해야 하는 국민의 한 사람이다.

사람의 진심은 통하는 법이다.

부디, 서비스 마인드를 갖고 스스로 도움을 주는 마음가짐을 갖길 바란다. 그 길이 나와 협력사 모두에게 이익이 되며 크게는 국가와 국민을 위하는 길이기도 하다.

민원인을
대하는 기술

1) 민원인은 끝판 왕이다

공직자가 철저한 을이 될 수밖에 없는 상황이 있다.

바로 민원인을 만날 때다. 버라이어티하고 억울한 사연을 품고 찾아오는 민원인은 공직 업무의 '끝판 왕'이라고 할 수 있다. 물론 나 또한 다른 곳의 민원인이 될 수도 있고 자신의 정당한 재산권과 권리가 침해되었는데 이것을 그냥 참을 사람도 없다.

서로 웃으며 일을 해결할 수 있는 경우가 압도적으로 많기는 하지만 법과 규정에 맞지 않는 억지와 생떼를 부리는 사람도 결코 적지 않은 것이 현실이다.

민원인의 항의 방식은 여러 가지다.

가장 흔하게 민원전화를 걸어 따지는 것인데 이것은 약과다. 단체 행동으로 들어가 사옥 앞에 현수막을 붙이고 종일 확성기로 구호를 외치는가 하면 아예 청사의 일부를 장악하고는 높은 사람 데리고 오라고 성화를 부리는 경우도 있다. 한번은 아무 죄도 없는 직원이 흥분한 민원인에게 폭행당해 병원 신세를 지는 일도 있었다.

또 아주 오래전 일이기는 하지만, 다른 기관에서 근무하는 내 친구는 민원인이 사무실로 다짜고짜 흉기를 들고 찾아와 난동을 부리는 몸서리치는 경험을 했다.(다행히 함께 있던 동료들이 재빠르게 대응한 덕에 더 이상의 나쁜 일은 벌어지지 않았다.)

그런가 하면 담당 부서를 골탕 먹이려거나, 다른 의도를 갖고 방대한 내부 자료를 지속해서 정보공개 청구하기도 한다. 동일한 민원을 무한 반복하는 사람도 있다. 심지어 아버지에 이어 그 아들이 대를 이어 민원을 넣고 소란을 피우는 경우도 봤다. 이 정도면 '끝판 왕'이라는 칭호가 아깝지 않다.

이런 민원인에 시달려본 사람이라면 "정말 민원인만 아니면 직장생활이 행복하다."고 말한다. 반복해 말하지만 모든 민원인이 다 이렇다는 것은 아니다. 민원인이라고 해서 머리에 뿔이라도 난 사람들이 아니다. 나와 내 가족, 친구도 민원인이 될 수 있다. 실제로 절대다수는 선량한 국민이며 이웃이다. 그래도 백 명의 선량한 민원인이 전해준 고마움도 한두 명의 극단적인 악성 민원인이 주는 고통을 치유해주지는 못한다. 감정노동인 탓이다.

어쨌든 민원인을 상대하는 것은 엄청난 인내와 담력을 요구하는 정말 힘들고 고된 일이다.

2) 베테랑 도어맨의 민원인 대응 노하우

다음은 《조선일보》 2019년 7월 6일 자에 실린 前 조선호텔의 베테랑 도어맨이자 콘래드호텔 도어맨 권문현 지배인의 인터뷰 내용이다.

나는 각계각층에 종사하는 사람들의 인터뷰 기사를 즐겨 읽는다. 권 지배인의 인터뷰는 직장인의 소명 의식과 진상 고객을 대하는 장인의 정신을 느낄 수 있는 정말 좋은 내용이라 소개하고 싶었다. 민원인을 상대하는 업무의 자세뿐 아니라 직장 내에서 나이를 먹어가며 느끼는 많은 것들이 이분의 인터뷰에 잘 함축되어있다.

매일 1000번은 인사... 내 특기는 '갑질 손님' 마크입니다
〈아무튼, 주말〉 김미리 기자의 1미리

콘래드호텔 도어맨 권문현 지배인

까만 고급 세단을 보면 빛의 속도로 반응한다. 번호 확인은 필수. 두 팔 쭉 뻗어 문을 연다. 특기는 '진상 손님' 마크. 온갖 욕설, 갑질 쏟아내며 문전 쇄도해도 거뜬히 막는다. 악질 손님도 그의 수퍼 세이브 앞에선 맥을 못 춘다.

서울 여의도의 특급 호텔 콘래드 서울 객실팀 권문현(66) 지배인은 호텔업계 '전설의 수문장(守門將)'이다. 그는 호텔로 들어오는 차를 맞이하고 로비 문을 여는 도어맨(doorman)이다.

이 일만 43년째. 1977년 조선호텔(현 웨스틴조선)에서 도어맨으로 시작해 36년 일하고 2013년 정년퇴직했다. 쉴 새도 없이 그해 콘래드 서울 정직원으로 스카우트됐다. 한 호텔에서 정년을 채운 직원도 드문데, 정년 지나 정직원으로 스카우트된 도어맨은 전무후무. 예순여섯 '서비스 장인(匠人)'을 그의 일터에서 만났다.

진상 마크 전문

한 올 흐트러짐 없이 깔끔하게 빗어 넘긴 머리, 칼 주름 잡힌 유니폼 차림으로 그가 나타났다. 나이보다 한참 젊어 보였다. "아유, 저는 내세울 것 하나 없습니다. 하찮은 일 하는 평범한 사람입니다. 재주 없어 이것만 오래 했을 뿐입니다." 권 씨는 손사래 쳤지만, 그 말속에 그를 인터뷰하려 한 이유가 들어 있었다. 평범함이 차곡차곡 쌓여 비범함이 됐다. 남들이 알아주지 않아도 묵묵히 한길을 파 대체 불가능한 지위를 얻었다.

—꼿꼿하십니다. 몇 시간이나 서 있습니까.

"오전 6시 30분부터 오후 3시 30분까지, 오후 3시부터 자정까지 2주씩 번갈아 근무합니다. 매일 9시간쯤 서 있습니다. 하루 천 번 정도 인사하고 문 엽니다."

—종일 서 있으려면 젊은 사람도 힘들겠습니다.

"단련이 돼 힘든 거 모릅니다. 이 나이에 일한다는 것 자체가 기쁨이지요. 나이 먹어 젊은 사람들이 있어야 할 자리를 차지하고 있어 미안할 따름입니다."

—정년을 채우고 스카우트됐다고요.

"2013년 (조선호텔에서) 정년퇴직했는데 회사에서 명함 하나 파 주면서 작은 외주 업체로 가서 같은 일을 계속해 달라고 했어요. 오래 일해 회사에서 배려해 준 거기도 하고, 그간 쌓은 노하우를 전수해달라는 의미도 있었어요." 퇴사할 때 직함은 과장이었다. 동기 서른 명이 있었는데 10년 정도 지나 모두 나가고 혼자 정년을 채웠다. 외주 업체에서 반년쯤 일했을 때 문 연 지 얼마 안 된 콘래드 서울에서 러브콜을 보냈다. "컨시어지(concierge · 접객 담당) 세팅이 안 돼 어수선하니 와 달라."고 했다. 인생 2막이 열렸다.

― 왜 불렀을까요.

"뭣보다 '폭탄 처리 전문반'이라(웃음)."

―폭탄 처리 전문요?

"호텔 입장에선 진상 고객 응대가 제일 골치 아프죠. 저야 그런 분들 대응하는 데 이력이 났습니다. 좀 전에도 한 분이 말썽을 부렸는데 이전 호텔에서 봤던 사람입니다. 다른 직원들은 두 손 두 발 다 들었다는데 희한하게 제 말은 듣습니다."

― 진상 마크 기술 좀 들려주시죠.

"갑질하는 심리는 '내가 누군지 좀 알아 달라'는 겁니다. 자기 얘기에 귀 기울여 달라는데 그까짓 것 한번 들어주지 뭐 하고 일단 듣습니다. 웃는 낯으로 '선생님 명함 하나 주시겠어요?' 하면 조금 누그러집니다. 무슨 사업 하시느냐는 등 다른 이야기를 섞어 주의를 환기시킵니다. 그러다 보면 손님이 자기 이야기를 하나씩 풀어놓습니다. '척'하는 시늉의 기술이 중요합니다. 지는 것 같지만 결국 이기는 방법입니다."

― 욕도 많이 들었겠습니다.

"제일 많이 들은 말이 '야, 인마'입니다. 아들뻘 되는 손님이 반말할 때도 있고요. 이 새끼, 저 새끼, 더한 욕설도 종종 듣는 걸요 뭐. 거기 비하면 애교 수준이지요."

— 일이 지겹지 않습니까.

"전혀요. 오히려 젊었을 때 지겨웠습니다. 지겨움은 철없을 때 생기는 겁니다. 나이 드니 지겨움도 감사합니다."

— 직업병은 없습니까?

"싸움 말리기, 사과하기. 밖에서 시비 붙은 사람들 보면 자동으로 말리게 돼요. 동서가 수원에서 치킨집을 하는데 손님하고 시비가 붙었어요. 나도 모르게 가서 무조건 죄송하다고 빌고 있더라고요(웃음)."

〈 ……중략…… 〉

도어맨 권문현 씨는 "서비스의 질은 디테일에서 갈린다."고 했다. 더운 날에는 손님이 택시 영수증 받을 때까지 문 열지 않기, 손님이 탄 택시 번호 적기…. 작은 차이가 손님에겐 크게 다가간다.

신(神)은 디테일에 있다

— 40년 넘게 해보니 서비스 질의 차이는 어디에서 온다고 봅니까.

"큰 것보다는 작은 것, 디테일에서 갈립니다."

— 예를 들어서요?

"차 번호 외우기요. 작은 정보 같은데 받는 사람 입장에선 크게 다가와요. 차 번호 외워놓고 성격 있는 사람들 차가 들어올 땐 미리 대처합니다. 예전엔 300~400대 정도 외웠어요. 차 번호 맞히는 시험까지 쳤습니다. 요즘은 200개 정도 외우고 있습니다."

— 세심하게 챙기려면 꼼꼼해야겠습니다.

"매일 출근 전 조간신문 3개를 정독합니다. 동정란은 한 자도 빼지 않고 봅니다. 장·차관, 대기업 임원 인사는 꼭 챙기고 변화가 있으면 메모합니다. 직장 바꿨을 때 제일 먼저 인명 정보를 만들어서 컴퓨터에 저장하는 일을 했습니다. 요즘 친구들은 그런 걸 신경 안 쓰는데 기본 중의 기본입니다."

— 구체적으로 도어맨으로서 세심하게 챙겨야 할 부분이 있다면요?

"더울 때나 추울 땐 택시 영수증 받는 몇 분 동안 차 문 열고 있어도 인상 쓰는 손님이 많습니다. 선탠해서 잘 안 보여도 손님이 영수증 받을 때까지 기다렸다 열라고 합니다. 손님이 택시 타면 차 번호를 꼭 적으라고 합니다. 가방, 휴대폰 분실했을 때를 대비해서요. 작은 친절이 때로 크게 돌아옵니다. 당장은 밑진 것 같지만 인생엔 손해란 없습니다. 100개의 친절을 베풀면 적어도 한두 개는 돌아옵니다."

눈칫밥으로 단련된 마음

— 그 사이 호텔 직원에 대한 인식도 많이 달라졌지요?

"벨보이라면서 낮춰 보다가 갑자기 '호텔리어'다 '컨시어지'다 뭐다 해서 인기 직종이 됐지 않습니까. 유학파 도어맨도 있습니다. 저희야 눈치로 배웠지만 요즘은 대학에서 전문적으로 배운 친구도 많고요. 그런데 힘들다면서 1년 못 채우는 직원이 태반입니다. 머리로 배운 거지요. 손님에게 봉사해야겠다는 생각이 가슴에서 우러나와야 합니다. 억지 친절은 상대가 대번에 알아차립니다."

— 감정노동이라고들 합니다.

"예전엔 그런 말조차 없었지요. 우리 같은 직업에 감정이 어디 있으며, 그게 노동이라고 생각도 안 했지요. 사회가 점점 나아지고 있다는 얘기겠지요."

— 화를 푸는 비법이 있다면요?

"즉석 해소. 듣는 즉시 흘려버리기. 분을 삭이는 게 버릇이 된 건지 감정이 납작해졌습니다. 불뚝불뚝 가슴이 솟구치지 않아요. 하도 감정을 눌러대서 복원되지 않는 건지(웃음). 아무리 기분 나쁜 일 있어도 집으론 안 가져갑니다." 포커페이스 전문이지만 딱 알아보는 사람이 있다. 40년 같이 산 아내다.

— 억울하지 않습니까

"억지소리라도 도와줘야 하는 게 서비스맨의 숙명입니다. 억울하면 이 일 못 하지요. 내 월급엔 욕먹는 값까지 들어 있다고 생각합니다. 스트레스는 등산 가서 탈탈 털어내고 막걸리 한잔하며 홀홀 날리지요." 달관(達觀)인지, 감정의 끓는점을 마비시킨 건지 헷갈렸다.

늙어서 미안합니다.

— 동년배보다 많이 젊어 보입니다.

"비슷한 나이 사람들하고 근무할 땐 편했는데 요즘 더 신경이 쓰입니다. 젊은 사람들한테 피해 주는 건 아닌 가 두렵습니다. 딸이 마사지 숍을 하는데 노는 날 가서 피부 관리도 받습니다."

— 젊은이들에게 피해될까 봐 두렵다고요? 젊은이들은 어르신들더러 '틀딱' '꼰대'니 하면서 혐오하고 어르신들은 젊은이들더러 '버릇없다' '이 기적이다' 합니다. 세대 갈등이 심한데요.

"전체는 아니고 배려 없는 노인, 배려 없는 젊은이의 문제입니다. 서로 양보하고 이해하면 되는데. 제가 노인 쪽에 가까워 그런지 요즘 배려 없는 젊은 사람들이 종종 보여요. 저희 호텔 청소하는 분들한테 막무가내 대하는 젊은이들도 많습니다. 그런데 그 사람들이 지위 높은 어른들한텐 깍듯합니다. 모순이죠. 어른들도 나이를 무기로 내세워 무조건 대접받겠다 해선 안 됩니다."

— '손님은 왕이다'는 말에 동의합니까.

"과거엔 손님이 무조건 왕이라고 생각했습니다. 지금은 '손님은 손님이다'고 생각합니다. 서비스를 제대로 안 하겠다는 게 아닙니다. 손님으로서 누릴 수 있는 권리는 최대한 제공하지만 왕이기 때문에 다해준다 이건 아닙니다.
왕으로 불리려면 왕이 왕 같아야 하고요."

내 인생의 '수퍼갑'

— 현재 스코어, 자신의 삶을 평가하신 다면요.

"한창때는 사무실 앉아 멋있게 일하는 친구들이 부러웠습니다. 지금은 그 친구들이 아직 일하는 저를 부러워합니다. 친구들은 허리 디스크로 고생하는데 평생 서 있는 저는 허리 아픈 적이 한 번도 없습니다. 식사 시간, 화장실 가는 시간 빼고는 서 있으니 살찔 틈도 없습니다. 인생은 결국 제로섬인 것 같습니다."

— 후회는 없습니까?

"젊었을 때는 뭔가 할 것 같고 뭐라도 될 것 같았습니다. 더 나은 자리로 올라가지 못한 것 때문에 자괴감도 들었습니다. 그런데 지금은 작지만 나만의 자리를 버텨내며 끈질기게 지키는 것 역시 중요한 일이라는 걸 알았습니다. 남의 문을 열다 보니 그 사람의 성격, 안목이 고스란히 보이더군요. 제 인생의 문을 열고 들여다본 모습이 어떨지 상상하곤 합니다. 가식 없이 진실한 삶, 남에게 피해 안 주는 삶이면 성공이겠다 싶어요."

— '43년 눈칫밥 인생'이 남긴 교훈이 있다면요.

"아들(38)이 대학 때 호주 여행 다녀와서 호텔에서 일하겠다고 하더군요. 일언지하에 안 된다고 했습니다. 눈칫밥을 대물림하기는 싫었습니다.

지금은 IT 회사에 근무하는데 얼마 전 그러더군요. 아버지 삶을 닮고 싶다고요. 먹먹했습니다. 그 누구의 칭찬보다 값진 말이었습니다." 만년 '을(乙)'의 인생이라 생각했다. 착각이었다. 그는 자기 인생의 '슈퍼 갑'이었다.

3) 진정성 있는 태도가 최선이다

나는 권문현 지배인의 인터뷰를 보며, 그의 원동력은 진정성 있는 태도에 있다고 느꼈다. 물론 인터뷰에 다 담을 수 없었을 뿐이지 얼마나 맘 아프고 자존심 상하는 일이 많았겠는가?

그 모든 어려움을 이겨내고 지금껏 한자리에서 인정받고 사람 상대하는 일의 달인이자 장인이 된 그의 내공과 역량에 감탄할 수밖에 없다.

많은 민원인들은 감정적인 불만에 휩싸인 경우가 많다. 즉, 발단은 행정적인 문제로 시작했지만 나중에는 그것이 중요한 것이 아니고 감정만이 남은 경우를 흔히 본다.

어느 때는 문제해결이 아니라 자신의 사연과 답답한 이야기를 진정성 있게 들어주는 것만으로 어느새 분노와 불만을 풀어버리는 경우도 있다. 앞서 말했듯이 민원인을 상대하는 것은 누구에게나 어려운 일이다. 그 과정에서 비정상적인 사람들로 인해 오히려 억울한 일, 분통 터지는 일도 수없이 일어난다.

한 번은 어떤 청년이 청사 내 주차금지 구역에 무단으로 주차한 일이 있었다. 주차관리를 하시는 분은 연세가 있는 협력사 분이셨는데, 정중하게 차량을 이동해 달라고 요청했다.

하지만 그 청년은 아버지뻘 되는 분에게 입에 담을 수 없는 욕설을 퍼붓고 사람이라면 차마 할 수 없는 모욕을 주기까지 했다. 그것도 모자라 오히려 그분을 해고하라며 민원을 넣는 어처구니없는 짓까지 저질렀다. 그 일을 전해 듣기만 한 나조차도 피가 거꾸로 솟는 것 같았는데, 아무 잘못도 없이 봉변을 당한 분은 어떤 마음이었을지 짐작도 가지 않는다. 물론 그분에게 더 이상의 피해가 없도록 조치했고 일은 잘 마무리 했다.

그리고 최소한의 인성마저 갖추지 못한 사람의 현재와 미래가 어떨지는 굳이 거론할 가치도 없을 것이다. 내가 살아본 세상은 '뿌린 만큼 거둔다.'는 진리가 아직 통용되는 곳이기 때문이다.

진정성 있는 태도를 말하다 엉뚱한 이야기로 주제가 넘어갔다.
민원인을 상대할 일 없이 자기 일에만 집중할 수 있다면 정말 좋겠지만 공직의 특성상 수많은 민원과 골치 아픈 민원인 때문에 곤란을 겪는 경우가 많다. 이런 문제를 한 번에 해결 할 수 있는 마술 같은 무엇이 있으면 좋으련만, 실타래처럼 복잡하게 얽혀있는 일들을 해결하는 데 그리 쉬운 길이 어디 있겠는가.

다만 최선의 방법은 '진정성'이라는 것을 다시 한번 강조하고 싶다. 진심 어린 진정성이 나오지 않는다면 그런 척이라도 해야 한다.

이 작은 차이가 의외로 수많은 골칫거리를 해결해주고 있음을 확인하고 있다.

4) 당신은 혼자가 아니다

지금 민원이나 업무적으로 겪고 있는 어려움이 있다면 가능한 동료, 상사와 공유해야 한다.

혼자 끌어안는다고 해서 문제가 해결되기는 어렵다. 무엇보다 업무적인 어려움은 숨겨야 하는 프라이버시가 아니며, 혼자 짊어지고 갈 숙명의 굴레도 아니다. 나의 업무임과 동시에 부서의 일, 내가 속한 조직의 일인 것이다.

내가 직장에서 자주 쓰는 말 중 하나가 "병은 알려야 낫는다."는 말이다. 이렇다 할 의술의 혜택을 받지 못했던 고대인들은 환자가 생기면 여행자나 행인들이 자주 다니는 길목에 환자를 앉혀두고 지나가는 사람들에게 치료법을 물어봤다고 한다. 말 그대로 병을 알리는 것이다. 병에 대한 지식과 경험이 있는 사람을 만나 치료할 수 있을 것이라는 희망을 품고 말이다.

이처럼 민원이나 업무로 어려운 일이 있다면 그것을 공유해라.

내가 아무 말도 하지 않고 있는데 미리 알아주는 사람도 없고 조직은 그 정도로 개인에게 관심을 쏟아주지 않는다.

하지만 당신이 겪고 있는 어려움을 조직이 인지하면 함께 해결할 준비를 할 것이다. 설령 함께 나서지 못하더라도 최소한 당신이 어려운 상황에 놓여있고 도움이 필요하다는 사실만 인지시켜도 실무자로서는 큰 힘이 된다.

평소에 말이 없고 조용한 C대리가 언제부터인가 더 말수가 줄고 낯빛도 어두워졌다. 알고 보니 심각한 민원인을 상대하고 있던 것이다. 막무가내로 언성부터 높이는 성질 급한 민원인 때문에 전화하는 것도 두려워할 정도로 혼자 고민에 빠져 있었다.

견디다 못한 C대리가 회의 시간에 눈물까지 글썽이며 자신의 어려운 상황을 털어놓았다. 좀처럼 힘든 내색을 하지 않던 C가 오죽이나 답답하고 힘들었으면 그랬나 싶은 생각에 모두가 함께 고민하기 시작했다.

결론부터 말하자면 그 일은 결국 해피하게 마무리되었다. 물론 시간이 좀 걸렸고 해결 과정에 생각치도 못한 난관들이 연이어 발생했지만, 끝내는 해결할 수 있었다.

그 일을 처리할 능력자가 흑기사처럼 나타났기 때문이다.

바로 '나'였다.

약한 모습은 나를
더 약하게 만든다

　꼭 직장생활이 아니라고 해도 누구나 약해지는 상황에 마주친다. 어떤 때는 고속도로처럼 성공의 길이 뻥 뚫린 양 의기양양할 때도 있지만 어떤 때는 스스로 초라하게 느껴져 견디기 어려울 때도 있다.

　그러다 몸이라도 아프면 그야말로 심신이 함께 지치고 무너지며 쉬고 싶고 기대고 싶은 생각이 간절하다.

　주변에 신뢰할 만한 친구나 동료가 있다면 이럴 때 큰 힘이 되지만 그렇지 못한 경우 그 외로움은 이루 말하기 어렵다. 심할 경우 직장 내에서 느끼는 고독과 외로움이 실연보다도 더하다는 생각이 든다.

　그러다 보면 쉽사리 푸념을 늘어놓거나 약한 모습을 보이게 된다. 인정하긴 싫겠지만 동정받고 싶은 마음이 생기는 것이다. 공직 사회는 사기업에 비해 많은 부분이 너그러운 편이다. 물론 이것은 어디까지나 나의 경험이고 조직마다 하늘과 땅처럼 달라질 수도 있으니 쉽게 일반화시킬 수는 없다.

　그러나 이럴 때일수록 마음을 강하게 먹어야 한다.

　왜냐하면 조직의 특성, 인간의 본성은 약자를 가만 놔두지 않기 때문이다. 극지방을 탐험할 때 쓰는 썰매 개들이 있다. 이 녀석들은 먹이가 부족해지면 다쳤거나 약해진 동료를 일부러 건드려본다고 한다. 동료가 반응하지 않거나 약한 모습을 보이면 함께 달려들어

먹잇감으로 삼아버린다.

이런 극단적인 동물의 세계는 아니더라도 직장 내에서 약한 모습을 보이는 것은 금물이다. 특히 아무리 좋은 선배, 친한 동료라 해도 푸념을 들어주는 인내심은 매우 약하기 때문이다.

한동안은 자신에게 속내를 털어놓는 모습에 감동하여 관심을 보이겠지만, 그것이 계속되면 오히려 역반응이 온다. 약해빠진 한심한 사람으로 낙인찍힐 수도 있다.

많은 연구 결과에 따르면 자세가 심리상태에 큰 영향을 미친다고 한다. 연구 결과를 들먹이지 않아도 우리 모두 경험적으로 그런 것을 알고 있을 것이다.

출근할 때는 항상 어깨를 쫙 펴고 당당하게 걸어라.

"내가 왕이고 지배자이며, 최상위 포식자"라는 느낌으로 말이다. 중2병 같은 소리이지만 약해지고 우울한 상태에서 분명 도움이 된다. 그리고 금방이라도 튕겨 나갈 스프링처럼 텐션을 유지하려 노력해라. 이도 저도 어렵다면 약한 모습을 보이느니 연차라도 내서 진정이 될 때까지 휴식을 취하기 바란다.

자유당 시절 이름을 날린 싸움꾼 한 사람이 있다. '이성순'이라는 본명은 몰라도 '시라소니'라는 별명은 누구나 알 것이다.

아무리 천하무적의 싸움꾼이라고 해도 일 년 365일 컨디션이 좋고 싸울 준비가 된 것은 아니다. 그렇다고 그를 노리는 자들이 그런 형편을 봐줄 리 없다. 오히려 그런 빈틈만을 노리지 않았겠나?

그래서 시라소니는 병이 나거나 몸 상태가 안 좋을 때는 아무도 보이지 않는 곳에 숨어버렸다고 한다. 그가 모습을 나타낼 때는 언제나 싸울 만반의 준비가 되어있는 상태였다.

마음이 약해질 때 내가 처한 상황을 이해하고 믿을만한 동료를 찾아 하소연하고 상의하는 것은 정말 큰 도움이 된다. 하지만 두 번 반복하지는 말아라. 그들도 내색하지 않을 뿐 다른 버전의 고민을 안고 살아가고 있다.

　　내 푸념을 듣는 상대방의 고민이 나의 것과는 비교도 안 될 만큼 큰 것일 수도 있다. 경험적으로 정말 큰 걱정이 있는 사람일수록 오히려 아무 일 없는 것처럼 내색하지 않는 경우가 많다.

　　"제발 강해져라."

　　남들은 온실인 줄 알고 있지만, 실상은 또 다른 형태의 정글인 이곳에서 당신이 살아남고 성공하는 길이다.

8장

직장 생존법칙의
고찰

1.
초보 직장인의
리얼 생존법칙

일과 생활의 균형을 맞추는 이른바 '워라밸'은 직장인이 추구해야 할 궁극의 목표다. 하지만 현실은 꼭 그렇지만은 않다. 여전히 일찍 출근하고 늦게 퇴근하는 모습이 직장생활에 영향을 끼친다.

세계적인 컨설팅 기업에 입사한 한국인이 쓴 책에서 읽었던 재미난 에피소드가 기억난다.

시간에 쫓기는 중요한 프로젝트를 진행 중이었는데, 어찌 된 일인지 외국인 동료들은 그 바쁜 와중에도 자신의 휴가일이 되면 뒤도 돌아보지 않고 한 달씩 휴가를 떠나더라는 것이었다.

책임감이 강했던 저자는 자신의 휴가도 포기하고 혼자 모든 업무를 떠맡아 결국 마감 기일을 맞췄다고 한다. 그런데 휴가에서 돌아온 동료들이 자신의 고생에 고마워하기는커녕, 휴가도 안 가는 이상한 사람으로 취급했다는 것이다.

여름휴가를 위해 한 해를 일한다는 서구인들의 마인드와 동양적 사고의 충돌이 낳은 에피소드이다. 내심 그들의 자유분방함이 부럽기도 하다.

하지만 어쩌겠나? 이곳은 대한민국이다.

신출내기인 당신이 칼출근과 칼퇴근으로 얼마만큼의 행복을 느낄지는 잘 모르겠다. 하지만 뒤에 숨어있는 현실을 알고 난다면, 무엇이 남는 장사인지 다시 생각하게 될 것이다. 물론 이런 사실을 당신에게 있는 그대로 말해줄 사람은 아무도 없다.

D대리는 언제나 09시 정각에 사무실에 들어와, 18시 정각이 되면 연기처럼 사라진다.

보통 출근 때 엘리베이터를 기다리는 시간도 있으니 1~2분쯤은 늦거나 빠를 수도 있을 텐데, 한 치의 오차도 없는 그의 정확함이 경이로울 정도다. 농담이 아니라, 시계를 보지 않고도 D대리가 출퇴근하는 것만으로 몇 시인지 알 수 있었다. 워낙 출퇴근이 칼 같다 보니 도대체 근무시간은 어떤지 자연스럽게 관찰하게 되었다.

그렇다고 D가 근무시간 동안 업무에만 집중하는 것도 아니었다. 꽤 똑똑하지만 이 때문에 인정을 받지는 못했다.

왜 자신은 나름 열심히 한다고 생각하는데, 근무 평가는 항상 바닥을 치고 있는지 그 이유를 본인만 모를 뿐이었다.

평범한 월급쟁이로 시작해서 결국 자신의 회사를 세워 사장이 된 사람의 책을 읽은 적이 있다. 자신이 직장인일 때는 야근을 극도로 싫어하고 효율적으로 일하고 일찍 퇴근하자는 주의였다고 한다.

그런데 막상 사장이 되고 나니, 일찍 불 꺼진 사무실을 보면 왠지 모를 배신감이 들더라는 속내를 털어놓았다.

바람처럼 나타났다 연기처럼 사라지는 소위 '칼출퇴근러' 후배를 보며 상사나 선배들이 느끼는 기분도 이와 비슷하다. 본전 생각이 나는 것이다.

이런 이야기를 들려주는 것은 이제 막 시작하는 초보 직장인인 당신이 알지 못하거나, 굳이 인정하고 싶지 않은 냉정한 현실을 알려주기 위해서이다. 즉, 당신의 생존을 위해서다.

어쨌거나 선택은 당신의 몫!

장담하지만 당신도 처지가 바뀌고 나면 느끼게 될 것이다. 그때는 지난 일을 되돌아보며 얼굴이 화끈거리고 이불을 걷어찰지도 모르겠다.

그렇다고 휴일도 사생활도 포기하고 노예처럼 일하라는 의미가 아니다. 나도 그렇게 살지 않았고, 앞으로도 그럴 생각은 없다.

내가 제안하는 생존 법칙의 기본은 '최소 비용 최대 효과'다.

지금부터 직장생활이 편해지고 보이지 않는 팬덤을 형성해서

후광 효과를 누릴 수 있는 4가지 기본전략을 소개한다.

1) 최소 6개월은 조금 일찍 출근하고, 조금 늦게 퇴근하라

나는 일이 바쁘다면 휴일 근무나 밤샘도 마다하지 않는 게 능력자의 자세라고 생각한다. 하지만 불필요한 야근은 싫어하다 못해 혐오하는 사람이다. 더 나아가 망국의 병폐라고까지 생각한다는 것을 미리 밝힌다.

해묵은 옛날 옛적 이야기를 해보자.

처음 업무를 배울 무렵, 바쁜 일이 없는 때에도 무슨 이유에서인지 퇴근하지 않는 상사의 눈치를 항상 보았다. 이 때문에 집에서 기다리는 신혼의 아내에게도 달려가지 못하고 울며 겨자 먹기 야근을 하는 적이 많았다.(술자리에나 끌려가지 않으면 다행이었다.)

또 할 일이 없는데도 휴일마저 사무실에 앉아 있어야 직성이 풀리는 상사 때문에 주말에도 억지로 나와야 하는 일도 잦았다.

지금 생각하면 일 외에는 어떠한 자아실현의 수단도 없고 가정에서도 환영받지 못했던 그들이 안쓰럽다. 지금은 그런 상사나 직장 분위기는 찾아보기 어려울 것이다.(단, 찾아보기 어렵다고 했지, 없다고는 안 했다.)

우선 솔직해지자. 당신이 만일 칼출퇴근 권리를 주장한다면 근무시간을 순수하게 업무에만 집중하고 있는가? 짬짬이 인터넷 서핑을 하거나 스마트 폰을 만지작거리지는 않나? 그리고 커피 한 잔, 담배 한 대 피는 시간이 쌓인 업무시간 낭비를 따져본 적은 있는가?

당신이 조금 더 투자한 출퇴근 시간을 그에 대한 보충이라고 생각하면 손해 보는 기분은 들지 않는다. 물론 이런 출퇴근에 신경쓰지 않는 자율적인 분위기인 곳도 있고 여전히 상사의 출퇴근 시간을 눈치 보는 곳도 있을 것이다.

하지만 신참자인 당신이 할 수 있는 최고의 선택은 '그냥 남들보다 조금 일찍 출근하고 남들보다 조금 늦게 퇴근하는 전략'을 실행하는 것이다.

내가 6개월을 말한 것은 이 정도 기간을 꾸준히 하면 어느새 그것이 당신의 이미지로 확립되어 이후에는 쉽게 바뀌지 않기 때문이다.

한마디 덧붙이자면, 부서 업무량을 측정하는 데 가장 큰 영향을 미치는 것은 문서 생산량 같은 정량적 기준보다도 실제로 야근하는 직원들이 얼마나 있는지를 둘러보는 것이 더 크게 작용하는 현실을 부정할 수 없다.

2) 폰질하는 모습을 보이지 말자

Y과장은 책상에 멍하니 앉아 대놓고 스마트 폰을 보는 이른바 폰질하는 습관이 있다. 가끔 있는 일이지만 결코 보기 좋은 모습이 아니다.

그러나 누구도 이것을 지적해주는 사람은 없다. 어느덧 Y과장을 잘 모르는 다른 부서 사람들에게까지 매일 스마트폰만 들여다보는 Y라고 알려지게 되었다.

누가 뭐라고 하지 않는다고 해서 문제가 없는 것이 아니다. 더군다나 요즘은 싫은 소리를 하는 사람도 찾기 힘들다.

근무시간에 대놓고 폰질하는 것은 자신의 머리위에 "저는 할 일 없고 농땡이 부리는 잉여입니다."라는 광고판을 달고 다니는 것이나 다름없음을 잊지 말자.

그 폰질을 통해 얻는 기쁨이 그 정도의 가치가 있는가?

3) 흡연도 상황을 살펴라

나는 비흡연자다. 아직도 직장 내 흡연자 비율은 높은데 이럴 때 가장 짜증 나는 것은 수시로 사라지는 흡연자 동료들이다.

흡연자들은 언제나 함께 담배를 피우는 짝꿍들이 있고 많은 사람들이 야외 흡연 장소에 모이니 비흡연자의 이런 고충을 잘 이해하지 못할 것이다. 물론 상사나 선배, 동료가 흡연자라면 함께 담배를 나누며 속 깊은 이야기를 나눌 수도 있고 따끈따끈한 정보도 얻을 수 있다. 그러한 순기능마저 부정하는 것은 아니다.

하지만 비흡연자 입장에서는 차마 말을 못 할 뿐 불만을 갖고 있다. 그렇기 때문에 흡연하러 나가기 전에는 혹시 그사이에 업무상으로 찾을 일은 없는지 상황을 살피고, 주변에도 어떤 사유로 자리를 비우는지를 알리는 습관을 들이기 바란다.

감정은 언제나 이성에 앞선다. 당신이 피운 담배 한 대가 어떤 사람을 당신의 잠재적 안티로 만들 수도 있다.

그 담배의 위로가 그럴만한 가치가 있는가?

4) 3년은 내가 손해 보겠다는 각오로 살자

"네가 손해 본다는 생각으로 일해라."

직장생활을 처음 시작하는 나에게 아버지가 당부하신 말씀이다.
"좀 편하게 살아보려고 힘들게 공부해서 들어왔는데, 뭐 이리저리 신경 쓰라는 게 많지?" 하는 푸념을 할지도 모른다.

거기에 대한 답은 간단하다. 사람이 사는 곳이기 때문이다.

아예 내가 손해 보고 살겠다는 생각을 하면 편하다. 그리고 역설적으로 손해 볼 일도 거의 안 생긴다.

태풍이 지나간 후 수해복구 지원을 나간 일이 있었다.

별생각 없이 평소 즐겨 입던 청바지와 티셔츠 차림으로 갔는데, 수해 현장은 온통 흙투성이로 엉망진창이었다.

처음에는 옷을 더럽히지 않으려고 조심했다. 그러다 보니 자세도 불안정해지고 작업이 제대로 될 리가 없었다. 그래서 "기왕 봉사를 나왔으니, 오늘 한번 불태워보자!"는 생각으로 옷이 더럽혀지든 말든 신경 쓰지 않고 열심히 일을 했다.

그러자 움직임도 편해지고 능률도 한껏 올랐다. 그 덕에 힘은 들었지만 보람찬 하루를 보낼 수 있었다. 내가 손해 보겠다는 각오는 이런 것이 아닌가 싶다.

또, 그 기간을 3년이라고 했다. 이것은 순전히 내 경험에 의한 것이다. 공직사회의 업무는 보통 1년 동안의 큰 사이클로 움직인다.

기본적인 소양을 갖추었다는 전제로 처음 1년은 담당업무를 좌충우돌하며 정신없이 배우고 깨지는 시간이다.

그리고 2년 차가 되면, 전년도의 경험이 있어서 다소 수월해진다. 한편으로 아무것도 모를 때는 멋모르고 했던 일을 이제는 알고 하자니 귀찮은 생각도 든다.

어쨌든 2년 차부터는 업무도 슬슬 눈에 들어오고 개선사항이나 문제점도 보이기 시작한다. 3년이 지나면 그 업무에서 베테랑 소리도 들을 수 있다. 대신 이때 이후로는 슬슬 고인 물이 되어가는 시점이다. 새롭게 업무에 변화를 주는 방법을 진지하게 고민해야 하는 때가 다가온 것이다.

중학교도 3년, 고등학교도 3년이다. 무협지에 나오는 주인공들도 3년은 온갖 허드렛일을 하며 무공을 닦는다. 그런 것을 보면 3년이라는 기간이 주는 법칙 같은 것이 있는지도 모르겠다.

이것만 기억하자! '첫 3년이 당신의 30년을 결정'할 수도 있다.

출세하지 못한 나,
승자만 답을 아는 것은 아니다

"방금 사대부들이 남한산성에서 오랑캐에게 당했던 치욕을 씻어 보고자 하니, 지금이야말로 지혜로운 이가 팔뚝을 뽐내고 일어설 때가 아니겠소? 선생의 그 재주로 어찌 괴롭게 파묻혀 지내려 하십니까?"

"어허, 자고로 묻혀 지낸 사람이 한둘이었겠소? 우선, 졸수재 조성기 같은 분은 적국에 사신으로 보낼 만한 인물이었건만 베잠방이로 늙어 죽었고, 반계 거사 유형원 같은 분은 군량을 조달할 만한 재능이 있었건만 저 바닷가에서 소요하고 있지 않습니까?"

유명한 고전 소설 『허생전(許生傳)』 중 변 부자와 허생이 나눈 대화의 일부분이다. 뛰어난 실력을 지녔음에도 그 재주를 써보지도 못하고 묻혀 사라진 인재들에 대한 아쉬움을 담은 내용이다.

여기까지 이 책을 읽은 당신은 이런 의문을 품을지도 모른다.

"아니. 이렇게 잘 아는 사람이 출세는 왜 못했지?"

맞다. 빠른 승진이 출세의 기준이라면 나는 현재 스코어로 폭망 직전이다. 그렇다고 승자만이 답을 아는 것은 아니다. 오히려 거리낌 없이 잘나가는 사람은 성공에 도취해서 자신을 돌아보지 못하는 경우가 많다. 이것은 직장뿐 아니라 사회생활 전반에서 벌어지는 일이다.

내 주변에 우연찮게 거의 운으로 주식을 통해 억대 수익을 올린 사람이 있다. 그것을 운이 좋아서가 아니라, 자신의 능력 덕이라고 굳게 믿어버린 결과 얼마 안 가 벌었던 돈을 전부 날렸다. 그것도 모자라 막대한 채무에 친인척, 직장동료에게까지 피해를 주고 말았다.

이른바 출세라는 것도 운이 작용한다. 그래서 그것을 관운(官運)이라고 부른다. 능력은 정말 중요한 요소이지만 그것이 전부가 아닌 것은 틀림없다. 지금부터는 출세의 기준점인 승진에 대한 슬기로운 준비 자세를 초보 공직자 기준으로 정리해보겠다.

기관마다 어느 직급까지는 자동승진이 되기도 하고, 시험을 보기도 하는 등 다소간의 차이가 있다. 기본적으로는 근무평가, 교육평가, 다면평가 등 다양한 평가 결과를 종합하고 승진명부에 들어온 사람들을 일정 배수로 모아 인사위원회를 거쳐 결정하는 절차는 대동소이하다.

승진에 양보는 없다. 지금은 다 같이 친한 동기이자 친구고 조금 앞서고 뒤에 서고의 차이라고 생각하겠지만, 막상 쓴맛을 보고 나면 생각이 바뀔 것이다. 그런 쓴맛을 보기 싫다면 지금부터 준비하자.

1) 조직의 인사평가 시스템을 파악하라

인사평가 시즌이 되면 별생각 없이 평가양식을 채워서 제출하고 그냥 막연히 결과를 기다리는 경우가 대부분이다. 지금 하는 일도 잘 모르겠는데 인사평가까지는 신경이 가지 않을 수도 있다. 승진도 아직 먼 이야기인 것 같고 말이다.

그러나 게임에 참여하려면 게임의 규칙을 알아야 하지 않겠는가? 앞에서 말한 이른바 관운이 작용하는 것은 관리자급 이상부터이고, 밑바닥부터 시작하는 입장에서는 상황이 다를 수 있다.

어떻게 계획하고 처신하느냐에 따라 남보다 단, 반걸음이라도 앞설 수 있는 것이다. 당신이 승진을 염두에 둔다면 반드시 인사평가 시스템. 즉, 게임의 규칙을 제일 먼저 파악해야 한다.

2) 커리어 플랜을 만들어라

이제 규칙을 알았으면, 자신의 위치를 냉정히 살펴보자. 보통은 직렬별, 직급별로 평가대상이 정해져 있다.

일 잘한다고 모두 최우수(S등급)를 줄 수 있는 것이 아니고, 일 못한다고 전부 미흡(D등급)을 주는 것도 아니다.

이 때문에 열심히 하고도 구조적인 문제로 낮은 평가를 받는 경우도 있고, 운이 좋아 대충하고도 떠밀리듯 높은 평가점수를 받는 경우도 있다.

부서의 상황, 나의 위치, 경쟁자들의 유무 등을 종합적으로 따져 보자. 또 인사평가에는 개인평가뿐 아니라 부서평가가 합산되기도 한다. 부서평가의 경우 몇 년 치 결과를 보면 알겠지만, 잘 받는 부서는 계속 잘 받고 못 받는 부서는 계속 못 받는 경향이 있다.

이상의 상황을 종합하여 자신만의 '커리어 플랜'을 만들어야 한다. 즉, 내가 다리 뻗고 누울 곳을 만들어야 한다.

나의 경우 일만 하려고 했지. 이런 것을 간과해버리는 실수를 저질렀다. 하지만 이것을 잘 파악한 사람들은 자신의 계획대로 잘 이행한 덕에 남보다 한발 빠르게 승진을 하거나 핵심부서로 옮겨 다닐 수 있었다. 내가 개인적으로 후회하는 실책이기도 하다.

3) 다음 행선지 이동을 위한 사전 영업활동

말은 쉽게 하지만, 부서이동을 하는 것, 그것도 자신이 원하는 곳으로 옮기는 것은 어려운 일이다. 지금 있는 부서의 인원이 부족하거나 힘든 상황이라면 말 꺼내기조차 쉽지 않을 것이다.

또는 승진에 불리한 것은 맞는 데 동료들과 사이가 좋거나 일이 재미있어서 고민인 경우도 있다. 머리와 가슴이 따로 반응하는 것이다.

이런 경우는 스스로가 선택할 문제다. 그러나 반드시 유념해야 할 것은 "영원한 것은 없다."라는 진리다. 지금 편한 그 부서가 언제까지 좋은 시절일지도 모르고, 지금 함께 있어 즐거운 상사나 동료가 영원히 그 자리에 있는 것도 아니다.

자신이 가고 싶은 부서나 맡고 싶은 업무가 있다면 미리미리 사전 영업활동을 해야 한다. 내 눈에 좋아 보이는 자리면 남 보기에도 좋은 자리다. 눈에 보이지 않을 뿐 사방에는 잠재적인 경쟁자들로 우글거린다. 또 잘못하면 이도 저도 아닌 난감한 상황에 빠질 수도 있다.

동기 중 하나가 어떤 핵심부서로 인사이동 신청을 한 적이 있다. 그런데 문제는 상사와 협의한 적도 없고 해당 부서와 교감이 있었던 것도 아니었다. 가고 싶은 부서에 공석이 생겼다는 정보만을 듣고 내린 즉흥적인 행동이었다.

결국 그 친구는 오도 가도 못한 채, 원래 자리에 머물 수밖에 없었고 배신감을 느낀 상사와 한동안 불편한 동거를 해야만 했다.

사전 영업활동을 위해 가장 중요한 것은 '평판 관리'다.

'파레토의 법칙'처럼 어느 조직이나 머릿수는 많아도 정작 쓸 만한 인재는 부족하다. 특히 한참 물불 안 가리고 달려들 신참자의 희소가치는 높다. 그러므로 적절한 평판 관리만 잘되어있다면 어디에서나 충분히 환영받을 수 있다.

그리고 해당 부서원들과 관계를 미리 넓혀놔야 한다. 이때는 가벼운 술자리던 취미생활이 되었든 안면을 트고 좋은 인상을 심어주는 노력이 필요하다.

모든 부서장은 새로운 직원에 대한 평판 조회를 한다. 물론 당신이 어지간한 골칫덩이가 아니라면 현재 부서의 상사가 악의적인 말을 하지는 않겠지만 당신을 아는 주변 동료의 조심스럽고 냉정한 평가가 더 큰 영향력을 끼친다.

여기에서 간과하면 안 되는 것이 인간적으로 친한 것과 업무적인 것은 별개라는 것이다. "나와 친하니까 알아서 해주겠지." 같은 안일한 생각을 하면 안 된다. 조직 생활은 생각보다 이해관계가 앞선다.

4) 절대 밀당하지 않는다

젊은 신참자의 수요는 언제나 넘친다고 했다. 그러나 요즘처럼 공직에 매년 많은 신규자를 선발하고 있는 상황에서 그러한 희소가치가 언제까지나 지속한다는 보장은 없다. 그리고 또 하나, 명심해야 할 것이 있다.

공직사회에서 '충성도'를 능가할 수 있는 능력은 없다.

충성도라고 하니까 거창하게 들리겠지만, 자신이 속한 부서에 대한 충실함, 동료들을 대하는 진정성이 그 본질이다.

가끔 젊은 신참자가 크게 착각하는 경우가 있다. 여러 부서에서 이른바 오퍼가 오면 그것이 자신의 능력 때문이라고 생각하는 것이다. 어떤 경우도 이제 막 들어온 신입이나 몇 연차 되지 않은 신참의 능력을 높게 보지 않는다. 다만 평소의 태도와 인성, 발전 가능성을 볼 뿐이다. 심할 경우 그냥 젊다는 이유 하나뿐일 때도 있다.

그러므로 만일 부서를 옮겨야 하는 상황, 또는 선택의 갈림길에 있을 때 자신의 태도를 분명히 밝혀야 한다. 커리어 플랜을 미리 짜 놔야 한다고 한 이유가 바로 이런 경우를 대비하기 위한 것도 있다.

그리고 또 하나 잊지 말아야 할 것은 최악의 수는 '말을 바꾸는 것'이라는 사실이다.

본사에서 근무할 때 일이다. 부서에 결원이 생겨서 적임자를 물색하고 있었다. 마침 서울지사에 근무하는 사원 한 명이 물망에 올랐다.

회사를 조금 늦게 들어와서 동기들보다 나이가 많았고, 평판도 그리 나쁘지는 않았다.

미혼의 젊은 여성인지라 나름 배려하는 차원에서 처장님(서기관급)이 직접 전화를 걸어 함께 일해 볼 것을 권유했고, 그 직원도 흔쾌히 승낙했다.(불러주셔서 감사하다는 인사까지 했다고 한다.)

이어서 인사부와 그 직원의 인사이동 문제를 협의했는데, 문제는 이때 발생했다. 인사부 담당자로부터 전해 들은 얘기는 뜻밖에도 그 직원이 서울을 떠나고 싶어 하지 않는다는 것이었다.

어이가 없어진 인사부 담당자가 "그럼 그때 왜 확실히 자신의 입장을 밝히지 않았느냐?"고 되묻자, 높은 사람이 직접 물어본 거라 차마 거절할 수는 없어서 맘에도 없는 거짓말을 했다는 것이었다.

기가 찰 노릇이었다. 이 사람은 나이만 많았지, 사고는 유아적인 수준에 머물렀던 것이다.

당장 그 직원의 영입 문제는 백지화되었고, 다른 직원들을 물색했다. 다행히도 더 젊고 능력 있는 직원들이 들어와 부서 입장에서는 오히려 잘된 일이 되었다. 그런데 아차 싶었는지 그 직원의 부장님이 우리 부장님에게 전화를 걸어왔다. 그 직원을 대신해 나름 해명을 하려는 의도였다.(자기 일을 왜 남이? 이것도 이해가 되지 않는다.)

그러나 모든 이야기를 듣고 난 부장님의 목소리에는 날이 서 있었다.

"그 직원에게 똑똑히 전달해주시면 좋겠습니다. 자신이 뛰어난 능력이라도 있어서 그런 것으로 착각한 모양인데요.

전혀 아닙니다. 동기들보다 나이도 많고 부서를 옮길 시기도 된 것 같아서, 기회를 주려는 것뿐이었습니다. 앞으로 그 직원의 이름이 오르내릴 일은 없을 겁니다."

다소 냉정하게 들리지만 가감 없는 현실이었다. 그 직원은 자신의 선택과 처신을 후에 어떻게 생각했는지 모르겠다. 이후 얼마 지나지 않아 자신이 그렇게도 지키고 싶었던 서울 생활도 막을 내렸기 때문이다. 내부규정에 따른 지역별 순환보직 시기가 금방 도래한 것이었다.

인사이동과 관련해서는 절대로 밀당을 해서는 안 된다.

어느 부서나 신참의 밀당을 받아줄 만큼 한가하지도 않고, 충성도가 의심되는 사람에게 미련을 가질 관리자도 없다.

불가피한 상황에서도 자신의 입장과 의지를 정중하고 솔직하게 밝혀서 진정성을 확보해야 한다.

경험해보면 알 것이다. 인사는 공문에 도장이 찍혀내려 오기 전까지는 모른다. 그만큼 변수가 많이 생기기 때문이다. 그런 와중에 밀당을 하려 든다면 생각처럼 얻을 수 있는 것은 없다.

3.
승진, 억울한 일은 계속된다

승진은 공직자가 직장에서 성취하고 맛볼 수 있는 가장 달콤한 열매다. 사기업의 경우에도 물론 승진이 중요하지만, 그래도 성과를 보상해줄 만한 두둑한 인센티브나 여타 다른 수단도 다양하게 존재한다.

국내 굴지의 자동차회사에 다니는 지인이 한동안 일부러 승진을 미뤘다는 이야기를 들었다. 승진해서 간부가 되면 강력한(?) 보호막이 되어주는 노조에서 탈퇴해야 하고, 꼭 승진이 아니더라도 충분한 경제적 보상을 받을 수 있었기 때문이었다고 한다.

공직자가 급여를 더 받을 수 있는 가장 현실적이고 유일한 방법은 승진하는 것뿐이다. 또 한편으로 승진은 자신의 역량과 성과가 인정받았다는 직장에서 자아실현의 척도이기도 하다.

어려운 것은 이 승진이라는 것에 얽혀 억울하고 이해할 수 없는 일이 계속 생길 수 있다는 것이다.

또 나의 이야기를 해보겠다.

나는 7급 공무원 직급으로 지금 일하고 있는 기관에 이직했으며, 공무원 급수에 해당하는 과장으로 임용되었다. 그리고 공무원 6급에 해당하는 차장이 되기까지 그 이후로 12년이 걸렸다.

그렇다면 도대체 12년 동안 무슨 일이 있었던 것일까?

"사실은 일을 더럽게 못 했던 것 아냐? 아니면 사고라도 쳤나?

그러고 보니 앞에서 말한 선배, 동료들 이야기를 실감 나게 하던데, 혹시 전부 자신의 이야기?"

궁금할 것이다. 먼저 말하자면 때를 잘 만나지 못했다. 물 흐르듯 만사가 쉽게 잘 풀리는 사람이 있는가 하면, 저럴 수도 있나? 싶을 정도로 안 풀리는 사람도 있다. 나는 당연히 풀리지 않는 후자에 속했다.

당시 나는 해당 직렬의 최연소 과장이었다. 입사년도는 비슷하지만 나이는 나보다 5~6살 이상 많은 분들이 내 경쟁자였다. 그렇다 보니 같은 값이라도 젊은 내가 항상 평가에서 뒤로 밀릴 수밖에 없었다. 그리고 가장 궁극적인 이유는 나의 직렬이었다. 나의 직렬은 '통신직'이었다. 공직사회에서 이 직렬이 갖는 의미는 남다르다.

우선 공무원만 보더라도 같은 고시 출신이지만 행정고시 출신과 기술고시 출신은 승진속도나 올라갈 수 있는 지위에 격차가 발생한다. 조선 시대 문반과 무반을 연상하면 이해가 쉬울 것이다.

공공연한 일이지만 출신학교에 따른 장벽도 존재하며, 같은 사무관이라 해도 고시/비고시 여부에 따라 보이지 않는 차별이 있다.

또 공기업 등 공공기관의 경우를 보면 기관마다 다르지만, 일반적으로는 사무직 계열이 선임을 맡고 승진도 비교적 빠르다. 그리고 주력 업무에 따라, 예를 들어 건설사업을 주로 하는 기관은 토목직, 전력사업이 주력인 기관은 전기직처럼 주요 업무를 담당하는 직렬이 인원도 많고 승진의 기회도 많이 주어진다.

그 뒤를 이어 마치 신분제 사회처럼 기관의 업무영역과 중요도에 따라 각 직렬들이 일종의 생태계를 이룬다.

내가 속한 통신직은 생태계의 저 밑바닥에 있었다. 이 때문에 진급을 할 수 있는 이른바 승진 T/O 자체가 언제나 희소했다.

가뜩이나 승진할 기회도 없는데, 통신부서에서는 나이가 젊다는 이유로 평가까지 뒤로 밀려버렸다.(젊다는 것도 다른 사람에 비해 그렇다는 것이었다.) 결국 그 부서에서 답을 못 찾았고 때마침 상사와 갈등마저 겪게 되면서 나는 미련 없이 다른 부서로 옮기게 되었다.

다행히도 이곳에서 업무능력을 인정받아 승진서열 1위에 계속 이름을 올릴 수 있었다. 하지만 이번에는 통신직 승진의 열쇠를 쥔 담당본부장이 문제였다. 자신의 휘하에 들어오지 않는 사람은 승진을 시키지 않는 배타적인 사고를 가진 사람이었던 것이다.

어느 때는 "나이가 젊다.(도대체 몇 살까지 젊은 것인지?)" 어느 때는 "내 밑에 있는 사람이 아니라 안 된다." 식으로 온갖 핑계를 대며 나보다 순위가 낮은 자신의 측근들을 승진시켜 버린 것이었다.

물론 반드시 서열대로 승진을 시키라는 법도 없고, 배수에 들어온 사람 중 선택을 하는 것이니 부당하다고만은 할 수 없을 것이다. 그러나 당하는 처지에서는 받아들이기 쉽지 않은 일이다.

결국 이런 상황을 안타깝게 여겼던 상사의 권유로 기술직에게는 낯선 기획부서로 옮기게 되었다.

다행히도 그곳에서 나는 좋은 기회를 얻어 전문성과 넓은 안목을 기를 수 있었다. 또한 존경스러운 상사, 능력 있고 멋진 동료들과 보람 있는 시간을 보냈다. 그리고 그 덕에 힘입어 승진을 할 수 있었고, 나중에는 기존의 직렬을 버리고 사무직으로 전직까지 하게 되었다.

승진 문제로 속상하던 당시에는 억울한 생각이 많이 들었다. 어찌 되었든 나는 경쟁에서 밀린 것이고 운조차 없었으니, 여기에 대해 더 이상 할 말은 없다. 오히려 지나고 나니 더 좋은 결과들이 생겼으므로 지금에 와서 생각해보면 오히려 다행이다 싶다. 하지만 어떠한 형태든 잘 풀리는 사람보다 억울한 마음이 드는 사람이 더 많고 아무리 공정하려 해도 뒷말이 나오는 것이 승진이다.

혹시 지금 당장은 좋지 않아도 기억하자.
"그래도 끝날 때까지는 끝난 것이 아니다."

나이는 정말
숫자에 불과할까

인생의 가능성을 고작 나이로 재단질(?) 하는 것은 어리석은 일이다. 인생 백세시대를 맞이한 지금은 정년 60세에 퇴직한 이후에도 남은 날들이 많기 때문이다.

내가 어린 시절만 해도 60세라고 하면 머리가 하얗게 세고 허리가 구부러진 노인이 연상되었다. 그때는 "인생은 60부터다."는 말이 유행했다. 하지만 백세시대를 맞이한 지금에 와서 굳이 인생은 60부터라는 말을 하는 사람은 없다. 실제로 한창 일할 나이이기 때문이다.

오래전 "나이는 숫자에 불과하다."는 카피의 광고가 히트한 후지금도 이 말을 자주 사용하게 된다. 하지만 직장생활 그리고 정년보장이 용이한 공직사회에서조차 그대로 통용되기는 어려운 말이다.

애당초 나이가 정말 숫자에 불과했다면 그런 말도 하지 않았을 것이다. 위에서 말했듯 지금은 아무도 '인생은 60부터'라는 말은 하지 않는 것처럼 말이다.

처음에는 몇 기, 몇 년도 입사로 불리던 것이 어느새 직급 n연차가 되고 나중에는 몇 년생이라는 나이로 묶인 그룹으로 불린다. 이때가 되면 나갈 날이 임박했다는 의미다.

나의 여명기가 누군가의 황혼기이듯 시간적인 차이는 있지만 누구에게나 자신만의 시절이 있다. 부디 그 시절을 헛되게 보내지 말자. 그리고 노력과 능력이 나이를 이길 수 없게 만드는 순간도 분명히 찾아온다.

그러므로 하고자 하는 일이 있다면, 진정으로 원하는 목표나 꿈이 있다면 지금 시도하자. 성공한다면 이전에 경험해보지 못했던 새로운 기회의 창이 열릴 것이고 실패하더라도 더 큰 열매를 맺는 씨앗이 될 수 있을 것이다.

가장 나쁜 것은 아무것도 하지 않는 것이다. 그것만은 분명하다.

5.
경력을 관리하고
전문성을 확보하라

모든 것을 불사르고 난 '번 아웃(Burn out)'의 후유증인지 모르겠다. 막상 공직에 들어와서는 경력관리나 자기계발을 멈춰버린 사람들을 자주 보게 된다. 바빠서라고 하지만, 그렇다고 1년 내내 책 한 권 읽을 시간이 없다는 것은 말이 되지 않는다.

바빠도 술자리는 잘 찾아다니지 않는가? 이 모든 것이 정년보장이라는 단꿈에 빠져 더 이상의 경쟁과 노력을 회피하는 게으름일 수도 있다. 지금부터 잘 따져보기 바란다.

공무원과 공기업 등의 공공기관을 동경하는 이유는 '정년보장' 때문이라고 흔히들 말한다. 그래서 '공직=정년보장'이라고 생각하지만, 그 믿음처럼 정년을 채우는 사람은 의외로 많지 않다.

자의든 타의든, 더 좋은 기회를 찾아가는 것이든 이유는 다양하지만 정년 전에 공직을 떠나는 사람이 비일비재하다.

특히 MZ세대로 불리는 젊은 세대는 더욱 심상치 않다. 정부의 통계자료에 따르면 20~30대 공무원 퇴직자는 2018년 5,761명에서 2022년 1만 1,067명으로 급증했다. 이중 임용 1년 이내 퇴직자는 같은 기간 951명에서 3,123명으로 세 배 이상 늘었다.

주요 퇴직 사유는 낮은 보수와 경직된 공직문화, 과다한 업무 스트레스라고 한다.

[참고: 법률저널 〈사설〉, 이어지는 MZ공무원 퇴직…획기적인 처우 마련해야 (2023.10.20.)]

경험상 공기업, 준정부기관 등의 공공기관은 처우와 직장문화가 그래도 공무원보다 나은 편이라 덜 하지만 공직 세계에서 젊은 직원들의 조기 퇴사는 흔한 일이 되었다.

하지만 퇴사를 맘먹은 사람이라면 굳이 이 책을 보고 있지는 않을 것이다. 기왕 힘들게 들어온 직장에서 하루빨리 적응하고 더 잘해보기 위해 노력하는 사람이 분명하다. 그렇지만 공직이 진짜 정년을 손쉽게 보장하는 이른바 '철밥통'인지는 한번 따져볼 문제다.

2019. 7. 23. 자 동아일보 경제면에 실린 기사에 따르면 정년제도를 운영하는 151개 사 평균 정년퇴직 비율은 32%였다. 인사혁신처의 「2023년 인사혁신통계연보」에 의하면 2022년 국가공무원 퇴직자 28,004명 중 정년(근무상한연령)퇴직자는 10,403명으로 비율은 37.1%다.

이는 비교적 정년퇴직 비율이 높은 것으로 알려진 교육공무원, 소방, 경찰직과 같은 특정직 등이 포함된 전체 공무원의 숫자이고 가장 큰 비중을 차지하는 일반직 공무원만 본다면 퇴직자 9,446명 중 정년퇴직자는 2,591명으로 비율은 27.4%로 더 떨어진다. 코로나 팬데믹 이후 경기가 급격히 안 좋아진 최근에는 기업의 정년퇴직 비율이 10%도 채 되지 않는다고 하니 그에 비하면 훨씬 나보이기는 하다. 그러나 천하무적 '철밥통'이라는 별칭은 너무나 무색해 보인다.

당신이 지금부터 경력을 관리하고 전문성을 확보해야 하는 이유다. 먼저 경력은 큰 틀에서 일관성을 가져가야 한다. 처음 들어와서는 가능한 다양한 업무를 접해보는 것이 좋다. 자신의 강점요소를 파악해야 하기 때문이다.

그리고 자신의 적성과 맞고 경쟁력이 보이는 분야를 중심으로 차곡차곡 경력을 쌓아가야 한다. 특히 기술 분야 직렬이라면 지금의 경력관리가 퇴사 이후 제2의 인생을 위한 크나큰 밑거름이 되므로 더욱 신경 써야 한다.

대한민국은 아직 자격증 사회다. 아무리 경험이 많아도 자격증이 없으면 전문가로 인정받기 어렵다.

예를 들어, 많은 기관이 변호사자격을 지닌 경력자들을 다수 선발하고 있다. 법무부서에 오래 근무한 이들 중에는 실무능력에서 이 변호사들을 뺨칠 정도로 뛰어난 사람도 있다고 한다. 하지만 변호사 자격이 없다 보니 법률전문가로 인정받을 길은 없다.

기술직의 경우 기사 자격증은 입사 시 가점 외에 큰 의미가 없다. 없는 사람을 찾는 게 더 힘들기 때문이다. 이 때문에 중장기 계획을 세워서 해당 분야의 기술사 자격증을 반드시 취득해야 한다.

또 사내에서 지원하는 각종 교육프로그램을 통한 학위 과정도 전략적으로 이용해야 한다. 최근 기관마다 교육에 대한 관심과 지원이 높아지면서 많은 교육 혜택을 주고 있다. 하지만 참여율이 예상외로 저조한 경우가 많다.

이런 기회를 날리는 것은 미련한 짓이다. 의미 없이 보낸 시간은 휘발성이다. 흔적도 없이 증발하는 시간일 뿐이다.

공부하면서 놀면 더 감칠맛이 나고 알차고 더더욱 재미있다.

나는 군대에서 100권의 책을 읽었다.

남자가 인생에서 책을 가장 많이 읽는 시기가 군대에 있을 때라고 하지만 그것을 고려해도 많이 읽은 편이다.(만화, 무협지는 없다.)

이런 이야기를 하면 내가 굉장히 한가한 부대의 꿀 보직에 있었다고 오해하는 사람들이 많다. 단언하건대, 정말 한가한 사람은 아무런 생산적인 일을 하지 않는 곳이 군대다.

지금은 역사 속으로 사라졌지만, 단일부대로 아시아 최강의 전투력을 자랑했던 20사단 결전부대에서 운전병 생활을 했다.

군 시절 나는 정말 바쁜 사병이었다. 워커홀릭 수송관님 덕에 제대 3일 전까지 운행을 나가고 차량정비를 해야만 했다. 또 내무반장 때는 얼마나 바빴던지 개인 세탁을 할 시간도 없어서 모두가 잠든 한밤중에 세면장에서 빨래를 하곤 했다. 그러니 이른바 짬이 안 되는 시절의 생활은 말하자면 입이 아플 지경이다.

그런데 그렇게 바쁘고 시간도 없었던 내가 100권의 책을 읽을 수 있었던 비결은 오직 '꾸준함'에 있었다.

운행을 나갔다 잠시 주차하고 있는 몇 분, 5분대기조로 대기하는 잠깐의 시간 등 자투리 시간을 허투루 보내지 않았다. 그것들이 쌓여서 100권의 독서량이 되었다.

이런 독서습관은 지금도 변함이 없다. 나는 지금도 매년 50~60권의 책을 읽는다. 용돈으로 가장 많이 지출하는 것도 도서구입비다. 그러다 보니 새 책은 감당이 안 되서 헌책을 우선적으로 구매하거나, 도서관을 자주 이용한다.(그래서 나는 문화상품권을 선물 받을 때 너무 좋아한다.)

그리고 일찍 출근해서 잠시, 점심시간에 잠깐, 지하철 안, 집에서 짬짬이 읽은 것이 쌓여 연간 수십 권의 독서량이 된 것이다.

'책'과 친해지시라. 독서를 숭고한 의식으로 생각하지 말자. 당신이 심심할 때 아무 때고 집어 드는 스마트폰의 자리를 잠시 책이라는 아주 괜찮은 친구가 차지하게 해보라. 요즘은 종이책 대신 전자책을 즐겨 읽는 사람도 많다. 뭐가 되었던 좋다. 책을 끼고 살자!

6.

일과 생활의 균형 그리고
삶의 우선원칙 세우기

모든 것은 균형이 맞을 때 최적의 상황에 이른다. 대표적으로 영양의 균형이 그렇고, 운동과 휴식의 균형도 마찬가지다. 가장 중요한 것을 꼽으라면 바로 '일과 생활의 균형'을 들 수 있다.

여기에서는 흔히 말하는 '가정'보다는 '생활'이라는 표현을 쓰고 싶다. 보기에 따라 가정도 일의 연장이 될 수 있기 때문이다. 그래서 오로지 나 자신을 중심으로 한 '생활'이 더 어울리는 말이다.

줄타기를 직접 해본 사람은 거의 없겠지만 보기는 많이 봤을 것이다. 줄타기의 핵심은 균형이다. 어느 한쪽으로 기우는 순간 추락하고 만다. 우리의 삶도 줄타기와 같다. 모든 면에서 균형을 잡아야 한다.

영양의 균형이 안 맞으면 살이 찌거나 피부가 안 좋아질 수 있고, 운동과 휴식의 균형이 좋지 않으면 다치거나 피로에 시달릴 수 있다. 그러나 일과 생활의 균형이 이루어지지 않으면 삶이 파괴된다. 잘못하면 생활을 위해 일을 하는 것인지? 일을 위해 생활을 하는 것인지? 우선순위가 헷갈리는 일까지 심심찮게 벌어진다.

서서히 뜨거워지는 물속에 잠긴 개구리는 자신이 익어버릴 때까지 위기를 느끼지 못한다고 한다. 전기장판과 같은 낮은 온도에서 입는 '저온 화상'도 이와 유사하다. 위기를 인지하지 못하는 상황이 지속될 경우 그 피해는 감당하기 힘든 것이 되어버린다.

그렇기 때문에 삶의 우선원칙을 세워야 한다.
그래야 결정의 순간에 머뭇거리지 않을 수 있고, 후회를 남기지 않는다. 이것은 누구도 함부로 답을 줄 수 없다.
스스로가 정직하게 마음이 이끄는 답을 찾아야만 한다.

많은 이들이 더 적은 노동시간과 더 많은 휴식을 원한다지만, 누군가는 휴식보다 초과근무를 해서 수당을 더 버는 것이 행복할 수 있다.
이처럼 삶의 우선순위와 가치는 개인마다 다르다. 막연히 남들이 하니까, 이게 좋아 보이니까 하는 것이 아닌 내면의 소리를 들어야 한다. 별도의 작성양식이 있는 것도 아니다. 또 대단한 것을 하려고 하면 아예 시도조차 하지 못하니 쉬운 것부터 하자.
간단한 몇 글자도 좋고, 지킬 수만 있다면 유대인의 율법 수준으로 만들어도 무방하다. 대신 이것은 순전한 나의 목소리이고 나의 인생에 최적화된 원칙이어야 한다.

그리고 그 우선원칙을 세웠다면 글로 써서 잘 보이는 곳에 붙여 놓던가 스마트폰 화면, SNS에라도 올려놓고 수시로 보자.

그런 의미에서 나의 일곱 가지 삶의 원칙과 그것을 정한 이유를 소개한다.

첫째, 불필요한 호의를 베풀지 말라!
☞ 서로에게 상처가 될 수 있으니까

둘째, 나의 행복과 안전을 남에게 맡기지 말자!
☞ 내 삶에 가장 소중한 가치를 보호하고 결정하는 것은 나의 몫이기 때문이다.

셋째, 건강이 모든 것의 우선이다.
☞ 건강을 잃고 나면 모든 것이 부질없고 무의미하다.

넷째, 남보다 앞설 수 있는 나만의 길을 찾아라! 아니면 제일 뛰어난 사람을 따라 해라!
☞ 지속적인 발전을 위해 내가 실천하는 방법이다.

다섯째, 세상은 불공평하지만, 나에게는 유리할 수 있다는 것을 잊지 말자!

☞ 어려운 상황에도 굴복하지 않고 희망을 찾기 위해서다.

여섯째, 기분 나쁜 뉴스와 기운 빠지는 말은 듣지도 보지도 않는다.

☞ 불필요한 스트레스를 받지 않기 위해서다.

일곱째, 많은 돈과 건강, 열린 마음이 진정한 자유를 준다.

☞ 멋진 삶을 구성하고 유지하는 3가지 핵심요소라고 생각한다.

7.
주기적인 성과의
마일스톤을 세워라

성과는 측정되지 않는다면 존재하지 않는 것이다. 공직이든 사기업이든 중장기목표와 세부계획이 있고, 매년 중점적으로 추진하는 과제가 있다. 그리고 그 추진성과를 주기적으로 점검하고 피드백한다. 이것을 개인의 영역에서 실행해보면 어떨까?

직장에서는 부서의 막내이자 생태계 최말단의 초식동물일지 모른다. 하지만 내 삶에서는 내가 대통령이며, CEO이자 독재자도 될 수 있는 것 아닌가? 그러니까 대충 살지 말자.

다음에 소개하는 아주 간단한 방법을 참고해서 주기적인 나만의 성과를 측정하고, 스스로 칭찬하고 보람을 느낄 수 있는 마일스톤을 세우도록 하자.

1) 이력서를 업데이트하자

부지런한 직장인들은 주기적으로 자신의 이력서를 업데이트한다. 스스로의 경력관리를 점검하고 더 좋은 조건으로의 이직을 준비하기 위해서이기도 하다.

공직에 있는 사람은 불행인지 다행인지 입사 이후에는 이력서를 다시 보거나 업데이트할 일이 거의 없다.(물론 사기업에서 일한다고 모두가 이력서를 업데이트하는 것은 아니다.)

우선 필요성을 못 느끼기 때문일 것이다.

그러나 '배고프기 전에 먹고, 목마르기 전에 마시고, 지치기 전에 쉬는 것'이 가장 현명한 것이다. 필요를 느낄 때 그제야 부랴부랴 서두르는 것은 언제나 좋은 결과를 불러오지 못한다.

6개월 주기도 좋고 1년 단위도 좋다. 재미 삼아서라도 자신의 이력서를 주기적으로 업데이트하면 지나온 시간이 냉정하게 평가될 것이다.

공직을 떠난 동기 중에 해외유학을 다녀온 후 지금은 대학 강단과 컨설턴트업무를 오가며 바쁘게 사는 친구가 하나 있다. 한번은 나에게 업데이트해서 관리하는 자신의 이력서를 보여준 적이 있다.

나는 그 한 장의 이력서를 보는 순간 단 한마디가 내 머릿속에 떠올랐다. "내가 너무 안일했구나."

그 친구나 나나 활동 영역이 다를 뿐 열심히 살기는 마찬가지다.

하지만 나는 그 열심을 기록하지 않고 흘려보내고 있었다.

내가 대수롭지 않게 생각했던 교육 수강, 사업 참여경력, 자격증 취득 등이 포장하기에 따라 훌륭한 한 줄의 경력이 되는 것이었다.

거기에 영향을 받아 나도 1년 단위로 나의 이력서를 업데이트한다. 거대한 바벨탑도 한 장의 벽돌에서 시작되었다. 작은 것들의 축적이 변화와 기적을 만든다. 지금부터 당신도 시작하라.

2) 나의 일년일기(一年一技)를 실천하자

'일년일기(一年一技)'는 '1년에 한 가지 기술'이라는 의미를 가진 말로 내가 지어낸 것이다.

무엇이 되었든 1년에 한가지의 기술이나 능력을 익히는 것을 의미한다. 실제로 나는 매년 한 가지씩 새롭게 배울 것을 선정하여 익힌다.

물론 그것이 언제나 성공하는 것은 아니다. 어떤 것은 뿌듯한 성과를 이룬 것도 있지만, 또 어떤 것은 그야말로 참가에 의의를 두는 실패도 있다.(골프가 그랬다.) 그래도 이전에 알지 못하고 경험하지 못했던 새로운 것을 배우고 익혀가는 과정은 그 자체로도 삶의 다양성을 기르는 큰 즐거움이다.

20세기 최고의 경영학자인 피터 드러커(Peter Ferdinand Drucker, 1909~2005)는 이러한 방식을 자신의 공부에 응용했다.

드러커는 스무 살에 신문사 기자로 첫 직장생활을 시작했다. 그는 유능한 기자가 되기 위해서는 다양한 분야들을 알아야 한다고 생각했다. 당시 그가 일하던 신문사는 석간신문을 발행했는데, 드러커는 신문이 나오기를 기다리는 오후와 밤 시간을 이용해서 공부를 했다고 한다.

피터 드러커는 저서 『프로페셔널의 조건』에서 당시에 자신이 실천한 공부법을 이렇게 설명했다.

"공부하면서 차츰 나만의 공부법도 개발하게 되었는데, 나는 지금까지도 그 방법을 이용하고 있다.
나는 3년 또는 4년마다 다른 주제를 선택한다. 그 주제는 통계학, 중세 역사, 일본 미술, 경제학 등 매우 다양하다. 3년 정도 공부한다고 해서 그 분야를 완전히 터득할 수는 없겠지만, 그 분야가 어떤 것인지를 이해하는 정도는 충분히 가능하다. 그런 식으로 나는 60여 년 이상 동안 3년 내지 4년마다 주제를 바꾸어 공부를 계속해오고 있다."

이를 통해 피터 드러커는 약 30여 권에 이르는 뛰어난 저서들을 남겼으며, 그가 이렇게 쌓아 올린 지식이 금세기 최고의 '경영학의 현자'로 추앙받게 되는 밑거름이 되었음은 두말할 필요가 없다.

3) 목적 없이 보낸 시간은 후회만 남는다

한때 오늘만 살고 보자는 식의 '욜로'(Yolo, You live only once)가 유행한 적이 있다. 현재 자신의 행복을 가장 중시하여 소비하는 태도를 말하는데, 어느새 행복의 의미는 어디론가 사라지고 소비만 남아버려 문제였다.

나에게 주어진 것은 지금 이 순간뿐이다.

과거는 되돌릴 수 없고 미래는 오지 않았다. 뉴스에서 자주 보게 되는 예기치 못한 사고를 당한 사람들도 즐거운 저녁 식사를 기다리거나 다음 달 카드 대금을 고민하던 평범한 사람들이었다.

이런 생각에만 젖은 나머지, 정말 오늘만 살고 본다면 큰 문제다. 오늘의 나는 잘 먹고 거하게 놀았다지만, 아직 멀쩡히 살아있는 내일의 나에게는 무엇을 남겨줄 것인가?

앞에서 "주기적인 성과의 마일스톤을 세우라."한 것도 이 때문이다.

지금 당장은 주말의 낚시가 즐거웠고 어젯밤 술자리가 흐뭇했을지 모른다. 하지만 목적이 없이 시간을 증발시킨다면 "나는 그동안 무엇을 했나?" 하며 후회하는 날이 반드시 온다.

실제로 내 주변에서도 이런 경우를 자주 본다. 마치 생산적인 일을 하는 것을 현재의 행복을 포기하는 행위처럼 여기는 사람도 있다. 그렇게 무의미한 것들에 소중한 시간과 에너지를 태워버린다.

그리고 일 년 내내 책 한 권 읽어본 적이 없다고 당당하게 말하는 사람도 있다. 자꾸 강조하지만, 열심히 일하고 먹는 밥이 더욱 맛있듯, 생산적인 일을 하고 누리는 즐거움이 더 행복하다.

지금은 끝나지 않을 것처럼 보이는 직장에서의 시간이 생각만큼 긴 것도 아니다.

부디 발전적인 목표를 세우고 한 걸음부터 나아가라.

웨이트트레이닝을 꾸준히 해본 사람이라면 알 것이다. 근력이 붙을수록 운동 경험이 쌓일수록 누가 시키지 않아도 더 무거운 무게를 들고 더 고난도의 운동을 하게 된다.

처음에는 만만하지만 꾸준히 실행할 수 있는 것들을 찾아 실천하자. 이처럼 작은 목표의 성취가 쌓여서 더 큰 목표로 나아가게 만드는 원동력이 된다. 그렇게 목적이 있는 시간을 채워나가기 바란다.

그것이 남들 다하는 자격증, 학위를 위한 공부일 수도 있고 그야말로 내가 좋아하는 그 무엇일 수도 있다.

단, 그것은 반드시 흔적을 남길 수 있고 축적할 가치가 있는 것이어야 한다. 지나 온 시간을 돌이켰을 때 스스로 흐뭇해할 만한 의미 있는 흔적하나 없다면 인생이 서글프지 않겠는가?

4) 업무 외의 분야에도 관심을 가져라

내가 대형 국가연구개발과제에 연구원으로 참여했을 때의 일이다. 한번은 해당 기술에 대한 자문회의를 개최한 적이 있다.

연구 과제를 총괄하는 연구단의 요청으로 현업의 전문가라 할 만한 분들을 자문위원으로 위촉했는데, 회의가 진행되는 동안 나는 실망을 감출 수 없었다.

다른 분야에 대한 무관심과 몰이해가 낳은 폐단을 제대로 볼 수 있었기 때문이다. 그분들은 분명 오랜 경험을 지닌 능력 있는 현업의 베테랑들이었다.

문제는 오직 자신의 분야에만 몰입되어있었다는 데 있었다.

연구개발과제 즉, R&D의 특성과 이에 따른 새로운 시각과 니즈는 아랑곳하지 않고, 오직 자신만의 경험과 지식에 빗대어 배가 산으로 가는 아무 말 대잔치가 벌어지고 만 것이었다. 결국 자문회의는 이렇다 할 소득도 없이 끝났다. 하지만 나에게는 깨달음의 기회였다.

나의 업무가 아닌 분야에도 꾸준한 관심을 가져야 한다.

그리고 내가 속한 조직 외에 다른 곳에서 일하는 방식이나 최신 동향도 지속적으로 파악해야 한다.

당신의 목표가 '월급 루팡'이라면, PC방에나 갈 것을 권하겠다. 하지만 이 책을 보고 있는 당신은 능력자가 되고자 하는 깨어있는 사람이 아닌가?

　그렇다면 자신의 분야는 당연하고 이와 가깝거나 또는 전혀 엉뚱한 분야라고 해도 지적 호기심을 자극하는 것을 멈추지 말아야 한다.

　해당 분야 학술대회, 박람회나 전시회 등을 기회가 되는 데로 참석하고, 유튜브 등을 활용하여 실시간으로 공유되는 최신정보에 관심을 기울이기 바란다. 새롭고 넓은 시각과 업데이트된 지식을 얻어 자신을 지속적으로 업그레이드해야 한다.

　그런 과정을 통해 "우물 안 개구리"의 어리석음을 벗어나고 자기성찰을 거쳐 진정한 능력자의 길로 들어설 수 있다.

　힘들지 않으냐고? 한번 해봐라. 재미있다. 그것도 아주 많이!!

8.
더 높이, 더 멀리, 더 넓게 보자

"머리는 차갑게, 가슴은 뜨겁게, 눈은 더 멀리 그리고 높이!"

내가 만든 인생의 모토다. 그러나 노력은 했지만 머리가 차갑지도 못했고 가슴은 식어버렸다. 눈이 멀리, 높이 보고 있는지도 모르겠다.

연말이 다가온 회사 게시판에는 퇴직하는 분들의 마지막 인사가 매일같이 올라왔다. 정년을 채우신 분도 있고 더 좋은 기회를 찾아 인생 2막을 준비하는 분도 있다. 그리고 마치 유행가의 후렴구처럼 되풀이하는 말을 남긴다.

"대과(大過) 없이 마쳤다."
이 말은 내가 공직생활을 처음 시작할 때부터 들어왔고 지금도 자주 쓴다. 말 그대로 큰 잘못이나 사고 치지 않고 직장 그만둔다는 뜻인데, 처음에는 무슨 뜻인지도 몰랐었다.

물론 나도 직장생활이 길어지며 이 말의 의미를 새삼 느껴가고는 있다. 남들은 붉은 카펫이 깔린 꽃길이라고 생각하지만 그 속에 들어와 본 사람들은 알 것이다. 큰 업적을 남기는 것은 고사하고 사고 안치고 사는 것, 오늘 하루를 근근이 버티는 것만도 대견한 일일 수 있다.

그래도 나는 "대과 없이 마쳤다."는 말이 너무 싫다.

그분들이 실제로 다 그렇게 살았다는 것은 아닐 것이다. 겸손의 의미로 자신을 낮춘 것일 수 있다. 그래도 어쨌든 "대과 없이 마쳤다."는 말의 의미는 도전도 없이 무미건조한 시간을 보냈다는 자조 섞인 푸념처럼 들린다.

요즘 유튜브를 보면 공직과 관련한 내용을 많이 다룬다.

공직 진출을 일생의 꿈으로 삼아 열심히 시험 준비를 하는 사람들도 있지만, '불행 끝 행복 시작'인 줄 알았던 그곳에서 좌절을 경험하고, 결국 그렇게 힘들게 들어온 곳을 스스로 나가는 사람들의 사연도 많다.

먹고사는 것은 숭고한 일이지만, 그래도 "목구멍이 포도청"이라는 말처럼 밥줄에만 얽매이며 사는 것은 서글프지 않은가?

그렇게 이도저도 아닌 채로 오로지 대과 없는 삶으로 자신의 시간을 소비해버린다면 어리석은 것이다.

그 세월이 공무원 아무개, 과장 홍길동으로 포장되었는지 몰라도 '온전한 나의 삶, 나만의 시간'이기 때문이다.

나는 종종 생각해본다. 언제인가 내 삶이 끝나가고 그 종착이 다가왔음을 직감했을 때 나는 무엇을 후회할까?

물론 그런 아쉬움 자체가 남지 않기를 바라지만 만일 후회가 남는다면, 마음속으로는 간절히 원했지만 결국 시도조차 하지 못한 일들을 후회하게 될 것 같다.

부디 지금의 일, 현재의 직장에만 스스로를 매몰하지 말기 바란다. 당신의 시간은 소중하니까. 그리고 더 높이, 더 멀리, 더 넓게 보는 사람에게 생각하지 못한 기회와 큰 도전이 있으리라 확신한다. 그리고 나는 이곳을 떠나는 날, 절대로 "대과 없이 마쳤다."는 말은 하지 않겠다. 대신 이렇게 말할 것이다.

"정말 많은 것을 시도하고 도전했다. 그리고 때로는 성공하고 때로는 실패했다. 하지만 어떤 경우에도 물러서지 않았으며, 수많은 도전과 응전 속에 살았다. 그 도전은 아직도 멈추지 않았다.

오늘은 단지 조금 길지만 재미있었던 퀘스트 한판을 끝내고 다음 미션으로 이동한다."고 말이다.

떠나지 못하게 붙잡는 상사, 일 잘하는 당신의 딜레마

직장에서 그것도 상사에게 인정받는 일처럼 흐뭇한 것도 많지 않다.

자신의 능력과 존재가치가 빛을 발하고 그것이 공인되는 것이니 말이다. 그렇기 때문에 겪는 어려움이 있다. 바로 상사가 당신을 붙잡는 상황이다. 앞에서 한 업무 분야에서 3년이 넘으면 슬슬 고인 물의 영역으로 들어간다고 했다. 들어올 때가 있다면 나아갈 때도 있기 마련이다.

아무리 남들이 좋다는 자리, 적성에 맞는 업무라 해도 그곳에만 있다 퇴직할 수는 없다.

익숙해진 부서를 떠날 때는 통상적으로 승진에 유리한 곳을 찾거나 또는 막 승진해서 부담이 없는 상황이다. 아니면 자신이 일해보고 싶은 분야를 찾거나 새로운 경험을 쌓으려는 목적도 있다. 분명 이러한 순환은 개인과 조직의 발전을 위해서 필수 불가결한 것이다.

그럼에도 떠나지 못하게 붙잡는 상사들이 있다. 대부분은 당신이 일을 잘하기 때문이다. 그렇기 때문에 겪는 딜레마다.

보통 그들은 이렇게 말한다.

"다음 인사이동 때까지만 있어라.", "여기에서 승진하고 가라.", "그런 곳을 왜 가느냐? 함께 더 일하자."

상사의 진짜 속내는 자신이 편하고자 하는 마음에서다.

물론 당신이 승진 문제로 방황하고 있거나 어떠한 사정으로 인해 감정적인 판단을 할 때 방향성을 잡아주고자 하는 객관적이고 진정성 있는 것일 수도 있다.

그래도 사람은 기본적으로 이기적인 존재다. 아무리 형님같이, 언니처럼 믿고 의지하던 상사라 해도 자신이 불편해지는 것을 참지 못하는 것이 보통이다. 정말 참된 상사라면 떠나야 할 때 미련 없이 놔주고 응원해주는 것이 맞다.

앞서 잠시 언급했던 내가 승진 문제로 한참 어려움을 겪고 있던 때의 일이다. 정황상 나는 다른 부서로 이동하는 것이 가장 타당했고 나 또한 정말 원했다.

승진 문제도 걸려 있었지만, 이미 현재 부서에서 고인 물이 되어 가고 있음을 스스로 느꼈기 때문이다. 또 나에 대한 업무의존도가 너무 높았는데, 이에 따른 부담도 내가 떠나려던 이유 중 하나였다.

이러한 나의 의지를 알리자 상사들이 난리가 났다. 나를 잡아두기 위해 온갖 회유와 압박이 들어왔다. 내가 정말 존경하고 좋아하던 분들이기에 이런 상황은 더욱 힘들었다. 마치 내가 이분들을 배신한다는 생각마저 들었기 때문이다.

어느 순간은 인간적인 정에 못 이겨 그냥 머무를 생각마저 들었다. 그러나 상황을 냉정히 살펴보고 나 스스로에게 솔직히 물었다. 그리고 친한 동료들에게 조언을 구했다. 결국 내가 얻은 답은 떠나는 것이었다. 정말 우여곡절 끝에 나는 새로운 부서로 옮길 수 있었다.

그리고 내가 떠난 지 3개월도 지나지 않아 그렇게 말리고 회유하던 상사들은 전부 다른 부서로 옮겨갔다. 얼마 뒤에는 아예 퇴직해버린 분도 있었다. 그렇게도 내가 떠나는 것을 길길이 뛰며 반대하고 끝까지 함께 하자던 분들인데 말이다.

　내가 만일에 정에 이끌려 결심을 바꿨다면 흔히 말하는 "낙동강 오리알" 신세가 되었을 것이다.

　냉정하게 조언한다. "상사의 막연한 약속은 믿을 수 없다." 그리고 "떠날 때가 되었다면 과감히 떠나야 한다."

　상사들이 나쁜 사람이어서가 아니다. 직원들과는 달리 관리자들은 본인이 원하지 않아도 하루아침에 떠나버릴 수 있기 때문이다. 나는 박차고 나올 수 있었지만, 마치 빠져나올 수 없는 올무에 걸린 것처럼 부서나 상사에게 사로잡혀 사는 사람들이 많다.

　말로는 자기도 떠나고 싶다 하지만, 그래도 현재 인정받고 있고 익숙한 자리를 떠날 용기가 나지 않는 것인지도 모른다.

　자신이 현재 있는 부서를 떠날 때가 되었는지를 객관적으로 판단할 수 있는 기준이 있다. 당신을 잘 아는 주변 다른 부서 직원들이 "거기 근무한 지 몇 년 되었지? 언제까지 있을 거야?"라는 말이 나오는 때다.

　당사자에게 이런 말을 직접적으로 할 때면 이미 뒤에서는 당신에 대해 정말 많은 말과 안타까움이 오가고 난 이후이다. 본래 무엇이든 옆에서 지켜보는 사람의 눈이 더 정확하고 객관적인 법이다.

　그리고 일은 사람이 아닌 조직과 시스템이 하는 것이다.

　당신이 속한 조직은 가내수공업이 아니다. 보기에는 어떻게 보일지 몰라도 특정한 개인이 없다고 해서 굴러가지 않는 조직은 없다. 단지 더 잘 굴러가고, 삐거덕거리며 굴러가고의 차이가 있을 뿐이다.

참고로 내가 떠난 이후 이전부서는 더 잘 돌아갔다.
나의 공백을 메우기 위해 더 많은 인원이 충원되었고, 능력 있는 직원들이 내 자리를 채웠기 때문이다.
어찌 보면 내가 그 부서의 선순환과 발전을 가로막고 있었던 장애물이었는지도 모른다.

9장

또 다른 깨달음

1.
초보 관리자의
일머리

입대 후 훈련소 시절, 실탄을 발사하는 날카로운 총소리와 땅이 흔들리는 폭약의 굉음을 처음 듣고 겁을 집어먹은 기억이 있다.(물론 얼마 안 가 무감각해졌다.) 그리고 진짜 살상용 수류탄이 내 손에 쥐어지고 그것을 던져야 했을 때는 심장이 터져버리고 입안에 침이 모조리 증발하는 기분이었다. 그런데 이처럼 고된 훈련 과정에서 나는 항상 한가지 생각이 떠오르곤 했다. "그 어리숙하고 우습게 보이던 아저씨, 형들이 이렇게 힘든 과정을 모두 이겨낸 사람들이란 말인가?" 그렇다! 남이 할 때는 하찮아 보이고 누구라도 할 수 있을 것 같은 일들도 막상 내가 해보면 결코 쉽거나 만만하지 않음을 깨닫는다.

나에게는 관리자의 길이 그랬다.
앞에서 언급했듯 나는 매번 승진 과정이 쉽지 않았고, 보이지 않는 견제 또한 항상 있었다.

하지만 나를 눈여겨보셨던 분들 덕분에 많은 불리함을 딛고 관리자급인 부장으로 승진하게 되었다. 그리고 매우 현실적인 부분이지만 나이를 먹은 채 실무자로 남는 것이 쉽지 않음을 실감하던 시기이기도 하다. 마치 꾸준히 성적을 올려도 나이가 많다는 이유로 소속팀을 찾지 못하거나 형편없는 연봉을 감내해야 하는 베테랑 야구선수의 입장과 비슷하다고 할까?

승진 경쟁에서 밀려나 의기소침한 채 살던 선배들의 모습이 주마등처럼 스쳐 가곤 했다.

그리고 승진하기 전까지 여전히 기고만장한 면이 있었던 것 또한 고백한다.

항상 부서의 어려운 일을 도맡아 했고 상사들이 감당하지 못한 일들도 나서서 처리해 온 경우가 많다 보니 나는 관리자라고 해봐야 실무자의 수준에서 기껏 한두 단계쯤 레벨이 올라가는 것이라고 믿었다. 알 만큼 다 안다는 막연하고 근거 없는 자신감이었다.

또한 그것은 나의 철저한 착각이자 어리석음이었음을 깨닫기까지 그리 오랜 시간이 걸리지 않았다.

관리자의 세계는 실무자에서 레벨이 올라가는 것이 아니라, 아예 전혀 다른 레벨, 새로운 세계로 진입하는 것임을 며칠 안 가서 알게 되었다. 나의 일만 잘하면 되는 실무자가 아니라 부서의 수많은 업무를 총괄하고 빠르게 상황을 판단하며 정확한 의사결정을 해야 한다.

나를 승진으로 이끌었던 기존의 마인드와 업무 스타일을 버리고 직위에 맞는 새로운 마인드와 업무 스타일을 이식해야만 했다.

"유능한 참모가 무능한 장군이 되고, 똑똑한 실무자가 멍청한 관리자가 된다."는 말도 있다. 조직에서 자신의 변화된 위치에 맞는 역할을 해야 하는데도 그런 것을 깨닫지 못하고 이전 방식에 집착하며 생기는 현상을 빗대는 말이다.

나 또한 직장생활을 해오며 실무자보다 더 실무자 같은 관리자, 상사의 역할을 포기하고 자신의 세계에만 몰입하는 간부 등을 종종 봐왔다. 그로 인해 업무는 엉망이 되고 부서원과 극심한 갈등을 겪으며 힘들어한다. 그럴수록 그들은 여전히 아니, 더 열심히 이전에 하던 방식대로 일하고 그렇게 열심히 할수록 더 깊은 수렁에 빠지는 것을 목격했다.

내 경우에도 많은 것을 변화하고 새로운 룰과 환경에 적응해야 했다. 무엇보다 인간관계의 중요성이 절실하게 다가왔다. 목구멍까지 차오르는 거친 말을 집어삼켜야 할 때도 있고 나보다 직위가 높은 상사와의 관계, 개성과 능력이 다양한 직원들과의 관계는 더없이 중요하다. 때로는 중간에 껴서 이러지도 저러지도 못하는 난감한 상황에 직면하거나, 싸우고 싶은 마음이 전혀 없는데도 부서와 부하직원들을 위해 파이터가 되어 다른 부서와 공공연한 기 싸움을 벌여야 하는 때도 있었다. 이것들은 초보 관리자에게 중요한 일머리다.

새로운 직위에 따른 대우와 보상이 적지는 않았지만, 그보다 더 큰 책임감과 부담이 항상 엄습했고 처음으로 스스로 바보 같다는 생각이 들었다.

한마디로 내가 뭘 해야 할지 몰랐지만 무언가를 해야 했다. 아니 하는 척이라도 해야 했다.

인기 드라마 《고려거란전쟁》에서 어느 날 뜻하지 않게 왕이 되어버린 현종이 갑작스레 벌어진 강대국 거란과의 전쟁을 앞두고 자신이 왕으로서 뭘 해야 할지 모르겠다며 답답함을 호소하는 장면이 있는데 바로 그 심정이다.

무엇보다 내가 이전에 모셨던 부장님들에게 미안한 마음이 들었다.

내가 어느 때는 무시하기까지 했던 그분들이 얼마나 깊은 속앓이를 했고 하고 싶은 말도 꾹 참으셨을지 새삼 깨닫게 된 것이다.

"더 잘해드릴걸, 내가 그때 더 열심히 했어야 하는데..."

관리자의 입장이 되어보니 느껴지는 안타까운 마음이 참 많았다. 어느 때는 "내가 이 업무를 경험하지 않았더라면? 내가 그때 공부를 게을리했다면..." 하며 가슴을 쓸어내리는 위기의 순간들도 있었다.

이전에 그렇게 힘들게 배웠던 일들이 지금에 와 나에게 너무나 유용한 지적 자산이 된 것을 알았을 때 더없이 뿌듯함을 느끼기도 했다.

그와 함께 당연한 말이지만 실무자 시절에 더 많은 경험을 쌓고 공부를 더 열심히 해야 한다는 진리를 다시금 떠올린다. 모두가 당연하다고 알고 있지만 막상 실천하는 사람은 극히 드문 그 진리 말이다.

2.
후회 없는 삶, 프로 파이터와 대결을 통해 깨달은 것

방송인으로 자리를 잡은 서장훈 씨와 안정환 씨는 농구와 축구계에서 진정으로 한 시대를 풍미한 선수들이며, 타고난 재능과 노력은 자타가 공인하는 사람들이다. 하지만 지난 선수 시절을 돌이켜보는 인터뷰를 보면 한결같이 그 시절 더 열심히 하지 못했음을 후회하는 것을 보았다. 그처럼 치열하게 살고 쉼 없이 도전했던 사람들도 최선을 다하지 못했다는 후회를 남기는 것이다. 보디빌딩 역사상 최고의 선수로 불리는 로니 콜먼(Ronnie Coleman)은 과도한 고중량 운동과 약물 후유증으로 지금은 목발과 휠체어에 의지하며 살고 있다.

그런 그조차도 선수 시절 후회되는 것이 없느냐는 기자의 질문에 "350kg 스쿼트를 2세트만 했는데 더할 수 있는데도 하지 않은 것이 가장 큰 후회"라는 말을 남겼다.

나 또한 비슷한 경험이 있다. 나는 또래 대부분이 좋아하는 골프나 등산 등에는 관심 없는 대신 독특하게도 킥복싱, 권투, 주짓수등 격투기를 수련해 왔다. 그러다 우연히 유튜브 채널을 통해 올림픽 유도 헤비급 은메달리스트 출신으로 대한민국을 대표하며 각종 메이저 격투단체에서 활약한 '미스터 샤크' 김민수 선수와 스파링대결을 하는 기회를 얻었다.

개인적으로 김민수 선수는 씨름 천하장사이자 테크노 골리앗으로 불린 전성기의 최홍만 선수를 제외하면 사실상 대한민국 최강의 헤비급 파이터였다고 생각한다. 한때 대한민국 최강의 사나이와 주먹을 섞는다는 기대감에 너무나 설렜고 촬영날짜에 맞춰 진지하게 준비했다.

내 경우도 같았지만, 한동안 프로 파이터와 일반인이 스파링을 벌이는 유튜브 콘텐츠가 큰 인기를 끌며 유행했다. "○○시 대장, 길거리 싸움 100전 전승" 식으로 나름 무시무시한 타이틀을 달고 나오는 일반인들은 대부분 1분도 채 못 버티고 탈진해 버리거나 프로선수에게 몇 대 맞고는 겁에 질려 도망 다니다 끝나는 것이 보통이었다.

나는 예정된 3라운드 동안 할 수 있는 최선을 다해 싸웠다. 물론 김민수 선수가 맘만 먹었다면 순식간에 나를 때려눕힐 수 있겠지만 정식시합이 아닌 스파링이기에 가능한 것이었다. 20대 젊은이들도 몇 분을 버티지 못하고 쓰러지는 경우가 많은데 라운드 내내 끊임없이 돌진하고 덤비는 내가 무척 패기 넘치고 체력과 투지가 인상 깊었다고 한다.

　그러던 중 마지막 라운드가 몇 초 남지 않았다는 심판의 구령이 떨어지기 무섭게 김민수 선수가 날린 회심의 강편치가 내 복부를 정확하게 가격했다. 앞선 라운드부터 데미지가 축적된 상태에서 들어온 편치로 인해 참을 수 없는 고통과 함께 숨이 턱 막히며 그대로 바닥에 쓰러져버렸다. 그리고 곧이어 마지막 라운드의 종료를 알리는 벨소리를 듣고서야 겨우 일어날 수 있었다. 스파링 대결은 그렇게 끝이 났고 그날 현장을 지켜본 프로선수들로부터도 많은 격려와 칭찬을 받았다.

　하지만 스파링이 끝난 후 내 맘 한구석에는 약간의 공허함이 남았다. 마지막 쓰러졌을 때 이를 악물고 다시 일어나서 파이팅 포즈라도 취했더라면, 고작 링 바닥에 누워 몇 초 남지 않았던 라운드 벨소리를 듣느니 휘청거리더라도 두 발을 딛고 일어서서 나의 모든 투지를 최후까지 불살랐더라면 하는 후회가 있었다. 그것이 나답고 내가 살아온 인생이었지 않은가? 하는 생각이 들었다. 비록 강편치를 맞고 쓰러졌지만 금방 회복했다. 그래서 몸보다는 의지가 무너졌고 결국 마지막까지 최선을 다하지 못했다는 것이 씁쓸했다.

　스파링 대결 이후 갈비뼈 등을 다쳐서 거의 한 달가량 부상 후유증으로 고생했다.

그렇지만 다리에 힘이 풀리는 두려움을 이겨내고 얻어낸 성취감이자 평생의 추억이었기에 뼈마디가 욱신거릴 때마다 아프면서도 웃을 수 있었다.

물론 인생을 살아가며 아쉬움은 남을 수 있다.

나의 의지와 관계없는 환경과 어쩔 수 없는 운이 작용할 수 있기 때문이다. 하지만 내 의지로 선택할 수 있는 것에 후회를 남기고 싶지는 않다.

내 삶에서 가장 중요한 선택의 기준은 바로 이것이다.

"후회하지 않겠나?"

독자 중에는 참 인생 거칠고 피곤하게 산다며 혀를 찰 사람이 있을지도 모른다.

그러나 "녹슬어 썩느니 닳아 없어지기를, 온전한 장난감 칼로 남느니 부러진 날 선 칼날이 되고 싶은" 바보 같지만 용감한 나의 인생이다.

직장생활에서
가장 무서운 일

예전에 많이 사용했던 니켈-수소 계열의 배터리는 메모리 효과(Memory Effect)라는 특성이 있다.

배터리를 사용하면서 충분히 방전하지 않고 충전하게 되면 충전 용량이 점점 줄어들어서 결국 100% 충전을 하지 못하게 되는 현상이다. 배터리의 용량보다 항상 적게 사용하고 충전하게 되면 기억이 되어 용량이 딱 그 수준이 되는 것이다.

나는 사람의 능력도 마찬가지라고 생각한다. 배움에는 끝이 없다지만 배움의 최적 시기는 있기 마련이다. 직장의 초보이자 새내기인 당신이 더욱 열심히 자신의 능력을 키우고 잠재력을 일깨워야 하는 이유다.

직장에서 생활하며 가장 무서운 일이 무엇이 있을까? 상사에게 듣는 꾸지람? 동료와의 갈등? 많은 것들이 있겠지만 그래도 가장 쓰라린 것이 자신보다 후배에게 무시당하는 것이다.

처음 시작하는 초심자들은 잃을 것이 없다. 또 시대가 시대이니만큼 요구하는 것도 많고 조직도 그런 요구에 귀 기울이고 잘 들어주니 어느 순간 모든 것을 당연하게 여긴다.

하지만 세월은 어김없이 흐르고 어느 순간 잃을 것이 없던 젊은 새내기의 생활은 끝이 나며 책임이 주어지는 위치에 서게 된다. 싫든지 좋든지 말이다.

이런 평범한 사실을 망각하고 이래저래 피해만 다니며 아무 생각 없이 세월을 보내는 사람들도 있다. 한동안 그들은 열심히 일하는 사람들을 비웃거나 스스로 스마트하다고 여길지도 모른다. 그러나 그런 사람들은 이른바 짬이 찼는데도 능력이 없고 의지도 약하다 보니 결국 까마득한 후배에게까지 밀리거나 부서에서 존재가치를 잃어버리는 경우가 대부분이다.

차라리 없는 게 도와주는 잉여 인간이 되는 것이다. 그들은 할 일도 없고 아무도 자기에게 관심이 없으니 편하다고 속으로 쾌재를 부를까? 아니면 자신이 살아온 시간에 대해 작은 후회라도 하고 있지는 않을까?

하나 더 첨언 하자면, 간혹 내 책이라도 좀 읽고 업무능력을 키웠으면 하는 사람들이 있다. 하지만 그들은 대부분 관심 자체가 없거나 책을 장식처럼 꽂아놓기만 하는 경우를 많이 봤다. 반면에,

"저 사람이야말로 책을 써야 하는데"라는 생각이 들 정도의 능력자들은 대부분 내 책을 꼼꼼히 읽고 심지어 밑줄까지 치고 띠지를 붙여가며 참고하는 것을 보고는 감사한 마음과 함께 부끄러워서 민망했던 경험이 자주 있다.

나의 메시지를 어떻게 받아들일지는 독자 개인이 선택할 몫이다. 그렇지만 무의미하게 보낸 시간은 어느 순간에 시간을 낭비한 이에게 복수하고야 만다.

인간은 조직 생활을 하는 동물이다. 미국의 심리학자 에이브러햄 매슬로우(Abraham. H. Maslow)가 정의한 '인간 욕구 5단계'의 정점에는 존중과 자아실현의 욕구가 있다.

아무리 독립심이 강하고 자기 세계가 확고한 4차원 성격이라고 해도 존중받지 못하는 상황을 이겨내기는 어렵고 타인의 인정이 없는 자아실현 또한 불가능한 일이기 때문이다.

잠재력을 일깨우고 능력을 키워 진정한 능력자가 되는 목적은 조직에 충성하고 몸 바치려는 것이 아니다. 냉정하게 말하면 조직은 어느 순간 나를 배신하고 큰 조직일수록 개인은 소모되는 부품에 불과하다. 그러므로 이 모든 노력은 결국 나 자신을 위한 것이다.

그리고 직장생활에서 누구나 고민하며 부딪히는 딜레마가 하나 있다.

'사내 정치'가 바로 그것이다. 어느 정도 경력이 쌓이면 주위를 둘러만 봐도 깨닫게 된다. 그리고 관리자가 되면 더 자세히 보이고 깊이 알게 되는 것이 바로 그 세계다.

흔히 말하는 정치질을 하며 빠른 승진과 나름의 입김을 행사하려는 사람들이 제법 있다.

하지만 그 또한 월급쟁이 인생이다. 누구를 죽이고 살릴 수 있는 독재자의 권력도 아닌 허상에 목말라 술로 몸을 망가뜨리고 상식을 벗어난 월권으로 선량한 사람들에게 상처를 주며 뿌듯해야 할 일은 아닐 것이다.

당신에게 주어진 시간과 능력, 에너지를 어떻게 사용하고 어떤 꿈과 목표를 이루어갈지는 스스로 판단하고 선택할 문제다. 그 무엇도 모든 것에 통용되는 정답은 없다. 그래서 인생은 어렵고 오묘한 것이다.

출퇴근 시간 엘리베이터를 기다리다 보면 먼저 올 줄 알았던 엘리베이터가 갑자기 만원이 돼버리거나 늦게 오리라 믿었던 엘리베이터가 가장 빨리 오는 경우가 자주 있다.

나는 이것도 인생, 좀 더 들어가면 긴 안목에서 바라보는 직장생활의 큰 흐름이라고 느낀다. 그렇다! 최종 결과는 아무도 모른다.

하지만 확실한 것은 언제나 현재에 집중하고 미래를 준비해야 한다는 믿음, 그리고 자신을 사랑하고 단련시켜 스스로 아름답게 만들고 강해져야 한다는 사실이다.

직장생활은 적성이 아닌 적응이다

"돌이켜보면 직장생활은 적성이 아니라 적응의 문제였던 것 같아요."

친한 동료가 대화 중 내게 무심코 건넨 말인데 정말 공감이 가서 몇 번이나 되새겨 보았다.

적성이 아닌 적응이라는 말은 직장생활의 냉정한 단편을 알려주는 표현이다.

물론 어떤 일이든 적성이 중요하다. 적성과 맞지 않은 일을 어쩔 수 없이 하는 것처럼 고달픈 것도 없다. 그러다 보니 직장 내에서 적성을 찾는다는 이유로 존재조차 불확실한 황금의 엘도라도를 동경하는 사람들도 종종 본다. 문제는 자신에게 당장 주어진 일을 허투루 하면서 적성이 안 맞는다는 말로 스스로 정당화하며 불만만 키워가는 것이다.

하지만 사람은 자기가 잘하는 일을 좋아하기 마련이다.

나의 경우에는 예산업무가 쉽지 않았고 적성이 아니라고 생각했다. 숫자를 다루는 게 흥미가 없기도 했고 업무상 생소한 것이 너무나 많았기 때문이다. 하지만 주어진 일을 열심히 하다 보니 어느새 업무에 굉장히 익숙해지고 심지어는 즐기기까지 하는 나를 발견했다.

나중에는 내가 그렇게도 이해가 되지 않아 고생했던 예산의 개

념과 지식, 각종 업무 팁을 알기 쉬운 매뉴얼로 만들었고 그것이 지금까지도 후임자들에게 족보처럼 전해져 활용되는 것을 보았다. 하기 싫던 일도 잘하게 되자 재미가 생긴 것이다.

물론 사람은 천성적으로 정말 하기 싫은 일이 분명히 있다. 만일 지금의 직장과 업무가 그렇다면 고민할 것이 없다. 당장 뛰쳐나와야 한다. 하지만 그 정도 수준이 아니라면 적성이 맞지 않은 것이 아니라 아직 적응하지 못한 것은 아닌지 생각해 봐야 한다.

프리미어리그 득점왕 손흥민 선수도 독일 분데스리가에서 잉글랜드 프리미어리그로 이적했을 때 팀에 적응하지 못해 낙담한 나머지 익숙했던 독일로 다시 돌아가려 한 적이 있다고 한다. 하지만 그 고비를 넘기고 난 이후 그가 보여준 활약상과 세계적 위상은 굳이 언급할 필요가 없다.

오래전 알았던 지인 중에 낚시라면 사족 못 쓰는 분이 있었는데 거의 미쳤다고 할 만큼 낚시를 좋아했다. 그러다 그분이 낚시 전문 잡지사에 기자가 되었다는 소식을 듣고 자기의 적성에 맞는 일을 직업으로 가졌다는 생각에 내심 부러워했다. 하지만 얼마 지나지 않아 그렇게도 좋아하던 일이 막상 밥벌이가 되자 흥미를 잃어버렸다는 얘기를 전해 들었다.

이처럼 먹고사는 일은 누구에게나 지루하다는 사실도 인정하고 받아들여야 한다.

그러므로 지금의 직장이 또는 하는 업무가 자신과 맞지 않는다고 느낀다면 그것이 적성의 문제인지 적응의 문제인지 곰곰이 잘 생각하고 판단하길 바란다.

나는 진정한 성공이란 "하고 싶은 일을 다 할 수 있는 것이 아니라, 하기 싫은 일을 안 할 수 있는 것"이라고 믿는다.

부디 하기 싫은 일을 억지로 해가며 소중한 인생을 갉아먹지는 말기 바란다. 생각보다 세상은 넓고 먹고사는 방법은 무궁무진하다.

우리는 눈앞의 목표만을 보고 달린다. 하지만 도달한 목표의 너머에는 또 다른 세계가 존재한다. 아무리 대단하고 중요해 보이던 일들도 그저 인생이라는 끝없는 게임의 미션 중 하나에 불과했음을 깨닫는다.

처음에는 원하는 학교만 입학하면 모든 것이 끝날 줄 알았을 것이다. 그러나 어떤가? 다시 그 속에서 또 다른 경쟁과 취업이라는 더 큰 난관이 기다리고 있지 않았나?

또 공무원, 공공기관 등 공직을 목표로 삼은 이후의 과정은 어떠했나? 아직도 막연하게 꿈꾸고 동경했던 파라다이스, 인생목표의 마지막이라는 생각이 드는가?

모든 것은 현실이 되는 순간 감성은 사라지는 법이다.

이 때문에 힘든 경쟁 끝에 지금의 자리에 서고도 고민에 빠지는 사람이 많을 것이다. 만일 지금 있는 그곳이 싫다면 정말 견딜 수 없는 곳이라면, 하루빨리 나에게 맞는 길을 찾아야 한다.

그것이 아니라면, 적응하고 견디며 나의 영역을 서서히 확립해 나가야 할 것이다. 어떤 일이든(천문학적 수입과 인기를 누리는 스포츠 스타나 연예인은 어떤지 모르겠다.) 자신의 밥줄이 되는 순간 괴롭고 귀찮은 일이 된다.

나는 그 괴로움과 당혹감, 두려움과 지겨움을 품고 살아가는 이들에게 먼저 그 길을 가봤던 입장에서 미약한 도움이라도 주고 싶은 마음에 이 책을 쓰기 시작했다.

'로제타스톤'에 대한 이야기를 다들 알 것이다.

나폴레옹이 이집트 원정 도중 우연히 발견한 이 고대 이집트의 돌 비석에 적힌 글자들을 오랫동안 누구도 해독하지 못했다.

수많은 전문가들이 결국 해독을 포기했지만, 장 프랑수아 샹폴리옹(Jean-François Champollion, 1790~1832)이라는 젊은 학자가 수년간의 연구 끝에 결국 해독에 성공했다. 그 실마리는 다름 아닌 '프톨레마이오스'와 '클레오파트라'라는 두 개의 단어에서 시작되었다.

우리 모두는 삶 속에 풀리지 않는 자신만의 로제타스톤을 품고 산다. 이 책이 그 로제타스톤의 일부를 해독할 수 있는 작은 힌트라도 되었으면 한다. 당연하지만 여러분의 직장생활에 가로놓인 모든 장애물을 피해 친절하게 길을 안내해주는 내비게이션까지는 될 수 없다.

하지만 최소한 방향이라도 알려줄 수 있는 나침반이나 복잡한 문제의 해결 실마리라도 되었으면 하는 것이 나의 바람이다. 이도 저도 안 된다면 라면 받침대라도 써주길 바란다.

초보 공직자들을 중심으로 직장인이 가장 고민하는 보고서 작성법과 직장생존의 처세방법을 나름대로 정리해보았다. 물론 내가 전달하고 싶은 것을 모두 담기에는 지면은 한계가 있다. 또 필력 부족으로 어떤 부분은 본질의 의미와 달리 해석되는 것도 있을지 모르겠다. 부족한 부분은 온전히 내가 감내해야 할 또 하나의 도전이 될 것이다.

"영원한 꽃길도, 끝나지 않는 가시밭길도 없다."
"공직사회에서 해결되지 않은 문제는 없다."

어렵고 골치 아픈 업무로 몸과 정신이 모두 피폐해졌던 때에 지금은 퇴직한 어느 선배가 나에게 던져준 위로였다. 그리고 지금껏 나를 지탱하고 있고, 내가 믿고 있는 이 세계의 진리다.

우리는 앞으로도 살아가며 계속 넘어질 것이다.

하지만 그때마다 다시 털고 일어나, 한 걸음씩 쉬지 않고 내딛는 사람이 되자. 그리고 진정한 능력자로 거듭나길 바란다.

"오늘도 삶의 전장에 당당히 나선 당신은 이미 승리자다."

도서출판 이비컴의 실용서 브랜드 **이비락**㉑은 더불어 사는 삶에 긍정의 변화를 줄
유익한 책을 만들기 위해 끊임없이 노력합니다.

원고 및 기획안 문의 : bookbee@naver.com